POLYGLOTT on tour

W0046982

Tobias Büscher

Nordspanien
Jakobsweg

 Top 12

 Restaurant

 besonderer Tipp

 Unterkunft

 Warnung

 Nightlife

 Info

 Shopping

 Hinweis

 Literatur

POLYGLOTT-Top

Allgemeines

Städtebeschreibungen

Donostia/San Sebastián –
Belle Époque auf Baskisch

Kulissen aus der Jahrhundertwende, Köstlichkeiten baski-
scher Starköche und eine Strandpromenade, die zu den
Aushängeschildern Spaniens zählt.

Bilbo/Bilbao – Museumsboom am Nervión

Eine Stadt mit zwei Gesichtern: dampfende Schlote und ein riesiger Industriehafen, avantgardistisch das Guggenheim-Museum und die City mit der Metro von Norman Foster.

Pamplona – Fiestastadt am Jakobsweg

Navarras Hauptstadt steht im Zeichen des Stiers – dank Hemingway ist die Fiesta de San Fermín das Fest in Spanien, das die meisten ausländischen Gäste anzieht.

Santander – Der bescheidene Charme Kantabriens

Auch hier ein Hauch von Belle Époque. Doch der Reiz der kantabrischen Hauptstadt zeigt sich weniger an Äußerlichkeiten: Santander, sagen Spanier, biete eine hohe Lebensqualität – begünstigt durch herrliche Strände.

Santiago de Compostela – ein Traum aus Granit

Ein Wallfahrtsziel mit Atmosphäre und Tradition. Nicht nur die Kathedrale mit ihrem berühmten Pórtico de la Gloria, sondern die ganze Altstadt gehört zum Weltkulturerbe. Da nimmt man den häufigen Nieselregen kaum noch wahr …

Touren

Tour 1

Der Jakobsweg nach Santiago

Entlang der rund 800 km langen Wallfahrerstrecke von den Pyrenäen bis zur Kathedrale der galicischen Hauptstadt sind zahlreiche sakrale Kleinode der Romanik zu entdecken.

Tour 2

Bergspitzen und Seebäder

Prähistorische Höhlen, kleine Sandbuchten und die schneebedeckten Gipfel der Picos de Europa: Abwechslung zeichnet Kantabriens Panorama aus.

Rechts: Wegen seiner verglasten Balkone wird A Coruña »Ciudad de Cristal« (Glasstadt) genannt

Bildnachweis

Archiv für Kunst und Geschichte: 69-2; Bildagentur Huber/Gräfenhain: 15-2, 37, 75-2, 81; Bildagentur Huber/Laurence: 61; Bildagentur Huber/R. Schmid: 7, 62; Tobias Büscher: 2, 5, 19, 31, 41, 46, 51-2, 55, 57-1, 59, 68, 69-1, 79-1, 79-2, 84, 89, 92, 94, 95, 96, 98, Werner Dieterich: Umschlagrückseite unten; Andreas Drouve: 8, 9, 27, 55, 64, 65; Ralf Freyer: 10; Gerold Jung: 50, 51-1, 60; laif/Cover: 86, 108; laif/Gonzalez: 13, 29, 38, 82; laif/Gunnar Knechtel: 34; laif/Tophoven: 75-1; mauritius images/imagebroker: 44; Dirk Renckhoff: 99; Jo Scholten: 15-1, 25-1, 25-2, 26, 57-2, 77, Umschlagrückseite oben; Hubert Stadler: 11; Titelbild: Bildagentur Huber/Gräfenhain.

In Spaniens Weinlandschaft nimmt der Norden des Landes eine Vorrangstellung ein. Die weltberühmte Rioja sonnt sich im Glanz ihrer Roten, während Navarra für seine Rosé- und Galicien für seine Weißweine bekannt ist. Kastilien-León befindet sich mit Weinen aus Ribera del Duero auf dem Vormarsch, die kleine Anbauregion El Bierzo zählt dagegen noch zur Sparte der Insider-Tipps.

Der Norden ist Spitze

Qualitätsbezeich-nungen: *Gran Reserva* weist auf mindestens zweijährige Lagerzeit in Fässern, hinzu kommen weitere drei in der Flasche. *Crianza* steht für ein Jahr Fasslagerung, *Reserva* für zwei. Seriöse spanische Weine – ob von einfacher oder gehobener Qualität – tragen die geschützte Herkunftbezeichnung *denominación de origen*. Meist findet man diesen Nachweis auf dem hinteren Flaschenetikett als kleines Siegel abgedruckt. Diese Weine unterliegen einer ständigen Kontrolle durch eine eigene Behörde, den Consejo Regulador.

Der **Artadi Pagos Viejos** (Crianza 2004; Bodega Artadi Cosecheros Alaveses) und der **Calvario** (Crianza 2004; Bodega Finca Allende) rangieren 2008 im »Guía Campsa« in den Top Ten der riojanischen Weine.

Weinbau in der Rioja

Riojanische Winzer rasten nicht, das Geschäft im In- und Ausland blüht. In den drei großen Anbaugebieten Rioja Alta (über 20 000 ha), Rioja Baja (rund 18 000 ha) und Rioja Alavesa (12 000 ha) beläuft sich die durchschnittliche Jahresproduktion auf mehr als 300 000 hl Wein. Die Wurzeln des gewerbsmäßigen Anbaus sind bis ins Mittelalter nachweisbar. Wie sehr man in der Rioja schon immer um die Weinqualität besorgt war, zeigt eine gerne kolportierte Anekdote, der zufolge der Bürgermeister von Logroño 1635 den Fuhrleuten verbot, ihren Weg direkt an Weinkellereien vorbei zu nehmen, um zu verhindern, dass »die Erschütterung durch diese Karren« die Weine verdürbe.

Pluspunkte in der Rioja sind das beständige Klima und die lehmigen, kalk- und eisenhaltigen Böden, die sich über den weiten Einzugsbereich des Río Ebro breiten. In über 2000 Bodegas werden vornehmlich Rotweine produziert, die in Eichenfässern ihr vollkommenes Aroma erreichen. Rote Riojaweine haben einen Alkoholgehalt von 12–13 %.

Für Besuche von Weingütern in Haro, dem Zentrum der Rioja Alta, empfehlen sich u. a. folgende traditionsreiche Bodegas:

■ **Federico Paternina,** Avda. de Santo Domingo 11, Tel. 941 31 05 50, www.paternina.com. In der Regel Di–Fr und So 13, Sa 11 und 13 Uhr; obligatorisch ist eine telefonische Reservierung.

■ **Martínez Lacuesta,** La Ventilla 71, Tel. 941 31 00 50, www.martinezlacuesta.com. Gegründet 1895; stellt auch Wermut her. Besuche sind Mo–Sa möglich, meist starten die Rundgänge um 12 Uhr. Auf jeden Fall telefonisch reservieren.

Prickelnde Frische

Feuchtes Klima und Granitböden bilden die Grundlage für Galiciens erstklassige Weißweine, die für blumig-prickelnde Frische stehen. Aus dem Gebiet der Rías Baixas sticht der **Albariño** hervor, die regional berühmteste Traubensorte, die Benediktinermönche einst aus der Rheingegend eingeführt haben sollen. Obgleich er dem Albariño qualitativ nicht das Wasser reichen kann, ist auch der leichte und süffige **Ribeiro** aus dem Tal des Río Miño eine echte Empfehlung.

Wein am Wege

In einfachen Kneipen macht der Jahrgangs-Hauswein *(vino de la casa)* die Runde und in Restaurants gehört er meist zum Tagesmenü dazu. Am Jakobsweg reihen sich zwischen Puente la Reina und Logroño prächtige Rebgärten auf, zwischen Ponferrada und Villafranca del Bierzo kommt man durch das Anbaugebiet El Bierzo. Manche Bodegas haben sich auf Direktverkauf eingestellt. Gut ausstaffiert zeigen sich vielerorts spezielle Weingeschäfte *(vinotecas)*. Wer ein paar Flaschen der guten Tropfen mit nach Hause nehmen möchte, sollte darauf achten, sie während des Transports kühl zu lagern.

❚ Bodegas **Irache** in Ayegui (direkt am Jakobsweg, Region Navarra), Monasterio de Irache 1, Tel. 948 55 19 32, www.irache.com.

❚ Bodega **El Fabulista** in Laguardia (Prov. Alava), Plazuela de San Juan, Tel. 945 62 11 92, www.bodegaelfabulista.com.

Wein und Architektur

Traditionsreiche Kellereien und moderne Architektur gehen neuerdings immer öfter sehenswerte Verbindungen ein:

❚ **Bodegas Julián Chivite,** Cintruénigo, Tel. 948 81 10 00, www.bodegaschivite.com; Architektur von Rafael Moneo.

❚ **Bodegas Ysios,** Laguardia, Tel. 945 60 06 40, www.domecqbodegas.com; Architektur von Santiago Calatrava.

❚ **Bodegas Marqués de Riscal,** Elciego, Tel. 945 60 60 00, www.marquesderiscal.com; Architektur von Frank O. Gehry (ein Luxushotel ist angeschlossen).

Fiestas, Fiestas, **Fiestas**

Laut Statistik steigt in Spanien alle paar Minuten ein Fest. Über Großereignisse wie Ostern oder die Fiesta de San Fermín in Pamplona hinaus gibt es viel zu feiern: ob Schutzpatrone, historische Schlachtenerfolge oder kulinarische Spezialitäten der Region. Der bunte Festereigen erreicht im Sommer seinen Höhepunkt.

Vorsicht, Wikinger!

Catoira, ein kleiner Ort zwischen Padrón und Vilagarcia (Provinz Pontevedra), feiert am ersten Sonntag im August sein Wikingerfest (Romería Vikinga). Um die Burgruine Torres de Oeste tobt am Morgen eine Schlacht zwischen anrudernden Wikingern und christlichen Verteidigern, die in eine echte Orgie mündet...

Kulinarische Feste

In allen Landstrichen lassen die *locals* ihre Leibgerichte in Form von eigenen Fiestas hochleben, ob mit Muschel- oder Käse-, Wurst- oder Sardinenfiestas. Mitunter gibt es kostenlose Rationen zum Probieren, Eintöpfe *(cocidos)* werden in riesigen Mengen im Freien zubereitet. Galicien nimmt bei dieser Art von Festen eine Ausnahmestellung ein:

❚ Anfang Mai: **Festa da Empanada** (Fest der Teigtaschen) in Mondoñedo,
❚ Anfang oder Mitte Mai: **Festa da Troita** (Fest der Forelle) in Ponte Caldelas,
❚ Ende Juni: **Festa da Langosta** (Langustenfest) in A Guarda,
❚ Mitte August: **Festa do Pulpo** (Tintenfischfest) in O Carballiño,
❚ Ende August: **Festa do Berberecho** (Fest der Herzmuschel) in Cee,
❚ erste oder zweite Oktoberwoche: **Festa do Marisco** (Meeresfrüchtefest) in O Grove.
❚ Feste nach Monaten und Provinzen findet man unter www.vayafiestas.com, alles rund um kulinarische Feste in Galicien unter www.esgalicia.com/fiestas_gastronomicas (beide in Spanisch).

Wallfahrten und Aberglaube

Ein beliebter Anlass zum Feiern sind Wallfahrten *(romerías)* zu lokal bedeutsamen Heiligtümern. Am Jakobsweg strömen die Gläubigen am 21. März zum »Lichtwunder« in die Klosterkirche **San Juan de Ortega** – dann taucht die untergehende Sonne ein Kapitell mit Mariä Verkündigung und Christi Geburt in warmen Schein.

In größeren Dimensionen bewegt sich die **Fiesta de la Virgen y del Santo Milagro** am 8./9. September im galicischen O Cebreiro; viele tausend Menschen gedenken Mariens und des eucharistischen Wunders (s. S. 67).

Zwischen Mitte September und Ende November haben in Galicien die Wallfahrten nach **San Andrés de Teixido** (s. S. 82) Hochsaison. Wer dem gleichnamigen Heiligen nicht zu Lebzeiten seine Aufwartung macht, muss es dem Volksglauben nach als (Un-)Toter tun. So kommt es, dass mancher aus Mitleid zwei Tickets löst und den Platz neben sich für einen Unerlösten frei hält. Andernfalls muss die arme Seele in Tiergestalt nach San Andrés krabbeln oder kriechen. Deshalb sollte man nie auf Schnecken und Regenwürmer treten!

In der Weinregion La Rioja drehen sich zwei große Fiestas um den Rebensaft: Am 29. Juni werden bei Haro (s. S. 41) während der **Batalla del Vino** (Weinschlacht) einige zehntausend Liter Flüssigmunition verspritzt. Unkriegerisch geht es bei der **Fiesta de San Mateo** um den 20. September in Logroño (s. S. 58) zu – eine Woche lang stehen Traubenstampfen, Tänze und reichlich Weinproben in den Bars auf dem Programm.

Semana Santa

In der Karwoche prägen prächtige Prozessionen der örtlichen Laienbruderschaften *(cofradías* oder *hermandades)* das öffentliche Leben. Dann sind vermummte Büßer unterwegs, die ihre Köpfe traditionsgemäß unter spitzen Kapuzen verbergen. Sie führen Kreuze, Standarten und tonnenschwere Standbilder *(pasos)* mit sich: lebensgroße Jesus- und Marienfiguren auf speziellen Aufbauten oder ganze Skulpturenensembles, die Szenen wie das Letzte Abendmahl zeigen. Im Unterbau der Podeste verbergen sich Träger, die auf eingespielte Kommandos und Klopfzeichen reagieren. Kapellen intonieren getragene Weisen, Kerzenträger hinterlassen Wachsspuren auf dem Pflaster. So manche Prozession zieht sich über Stunden dahin.

Logroño und **León** sind für besonders ergreifende Feierlichkeiten bekannt; auch in **Pamplona** und **Burgos** lohnt sich ein Besuch zur Osterzeit.

Zugegeben, am spanischen Mittelmeer ist das Wasser wärmer – dafür sind die Atlantikstrände sehr abwechslungsreich: Es gibt stille Buchten für Individualisten und urbane, saubere Playas für Stadtbesucher. Ausgewählte Sandstrände sind für die Nudisten reserviert, und Surfer zieht es dorthin, wo die Brandung schäumend rollt. An kaum einem Strand steht ein Bettenbunker, und so ist wirkliches Naturerlebnis garantiert.

Sand, Klippen
und Rías

■ Die verschwiegenen Buchten der **Morrazo-Halbinsel** südwestlich von Pontevedra gelten als Geheimtipp. Außerhalb der Ferienzeit und an Werktagen sind die grobsandigen Buchten oft menschenleer.

Strände im Netz: Im Internet lassen sich die schönsten Strände schon vor dem Besuch auf dem Bildschirm ansehen unter www.esplaya.com (Strandbeschreibungen jedoch nur auf Spanisch).

Die Top Badeplätze
■ Der muschelförmige feinsandige und überaus saubere Stadtstrand **Donostias** (San Sebastiáns), **La Concha,** ist zu jeder Jahreszeit ein Genuss. Jugendstilbauten bilden eine reizvolle Kulisse für eine erfrischende Abkühlung.
■ Die zergliederte kantabrische Küste um **Somo** und **Isla** ist ideal für jene, die abgeschiedene, kleine Badebuchten suchen.
■ Rund um den kunterbunten Fischerort **Cudillero** an Asturiens »grüner Küste« (Costa Verde) finden sich einige hübsche Buchten, darunter die östlich gelegene, zur Gemeinde Muros de Nalón gehörige **Playa de Aguilar.**
■ Zwischen Ribadeo und dem weiter westlich gelegenen San Cosme de Barreiros führt ein ausgeschilderter Abzweig zu Galiciens berühmter **Praia As Catedrais** (span. Playa de las Catedrales). Bei Ebbe wirken die frei stehenden Felssäulen tatsächlich wie Säulen einer gotischen »Kathedrale«.

Flaggen
Die Strandaufsicht hisst im Sommer an bewachten Buchten die **grüne Flagge,** wenn Baden ohne Gefahr möglich ist. **Gelb** bedeutet Vorsicht für unerfahrene Schwimmer, **Rot** absolutes Badeverbot. Die **blauen Flaggen** wiederum zeichnen besonders saubere Strände mit einwandfreier Infrastruktur aus. Zu ihnen gehören der Sardinero-Strand der kantabrischen Hauptstadt Santander genauso wie die Strände des Badeorts Sanxenxo an der südgalicischen Küste (Liste unter www.blueflag.org).

Surfschulen

▌ **Escuela de Surf Los Locos,** Paseo de la Marina Española 10, Suances, Tel. 606 54 24 29, http://surfloslocos.com. Surfen und Bodyboarden. Mit den kleinen, wendigen Bodyboards aus beschichtetem Kunststoffschaum haben auch Anfänger schnell ein Erfolgserlebnis.

▌ **Pukas Surf,** Avenida de la Zurriola 24, San Sebastián (Donostia), Tel. 943 32 00 68, sowie Edificio Torre Mar, Lizardi 9, Zarautz, Tel. 943 89 06 36, www.pukassurfeskola.com. Verschiedene Surfkurse für Anfänger und Fortgeschrittene.

▌ **Escuela de Surf de Zarautz,** Zarautz, Mobil-Tel. 679 49 34 78, www.laescueladelsurf.com. Surfkurse; auch mit Unterkunftsmöglichkeit für Gruppen bis maximal sechs Personen.

Die besten Surfplätze

An der Atlantikküste liegen manche Surfspots, die vor allem erfahrene Surfer anlocken. Sie finden attraktive Wellen und Windverhältnisse im baskischen **Zarautz,** im kantabrischen **Las Salinas** und im asturischen **Tapia de Casariego.**
Anfänger sind dagegen an den sanfteren Buchten Südgaliciens besser aufgehoben, wo sich der Atlantik wesentlich zahmer gibt.

FKK

Nacktbaden ist in Spanien zwar nicht gern gesehen, dafür gibt es aber viele Buchten und Strände eigens für Nudisten. Beliebt sind die feinsandigen galicischen **Playas Pragueira** und **Bascuas** bei Portonovo/Sanxenxo und die kantabrische Strandbucht **Playa Valdearenas,** die vom Parque Natural Dunas de Liencres umgeben ist.

⭐ Alle FKK-Strände Spaniens, ihre genaue Lage sowie Wasser- und Sandqualitäten findet man unter www.lugaresnaturistas.org (auf Spanisch und Englisch).

Gipfel und Strände

Lage und Landschaft

Was Spaniens Norden landschaftlich so attraktiv macht, ist in erster Linie die Verbindung von Meer und Gebirge. Eingerahmt ist das Gebiet der nördlichen Regionen von den Pyrenäen im Osten und dem Kantabrischen Gebirge; nur die Autonomen Gemeinschaften Navarra, Kastilien-León und La Rioja liegen südlich davon. Damit bildet die 1500 bis 2000 m hohe Gebirgskette, die in den Picos de Europa allerdings alpine Höhen von über 2500 m erreicht, eine natürliche Grenze zur kastilischen Hochebene Meseta.

Die Cordillera Cantábrica ist jedoch nicht nur eine geographische Grenze, sondern auch eine kulturelle, die vormals als natürliches Bollwerk gegen einfallende Römer und Mauren diente. Nach Westen hin geht sie in das flachere galicische Mittelgebirge über. An der atlantischen Nordküste wechseln sich Sandstrände, steile Klippen und tief eingezogene Mündungsbuchten ab, die Westküste ist durch fjordartige Buchten, die so genannten Rías Baixas, stark gegliedert.

Kastilien-León ist die größte Region Nordspaniens, gefolgt von Galicien, Asturien, Navarra, Baskenland, Kantabrien und La Rioja. Zusammengenommen ergeben sie ein Gebiet von rund 162 000 km² (gut 15 % Spaniens).

Neben zahlreichen kleineren Flüssen entspringt in der Provinz Lugo der insgesamt 340 km lange Río Miño, der bei Tui in den Atlantik mündet und Spanien von Portugal abgrenzt.

Klima und Reisezeit

Die regenreichste Region Nordspaniens ist Galicien, ihre Hauptstadt Santiago de Compostela wird deshalb auch spöttisch *perico del cielo* (»Nachttopf des Himmels«) genannt. Während das Kantabrische Gebirge die heißen Winde aus dem Süden abblockt, liegen die nördlichen Regionen

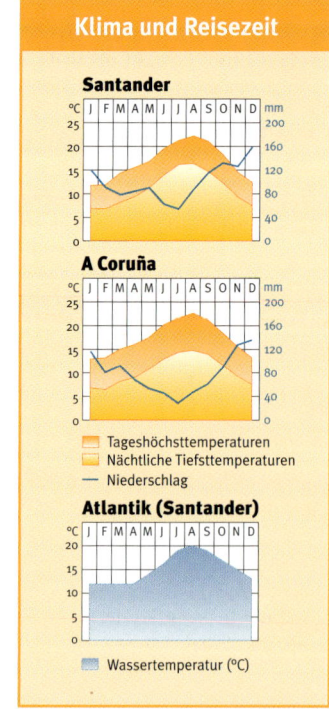

Die asturische Küste bei San Antolín – weiß und menschenleer

frei zum Ozean hin. Anders als in Süd- und Mittelspanien ist das Klima daher mild, feucht und eben oft regnerisch. Die in der Meseta gelegenen Landstriche Kastilien-Leóns sind wegen ihrer klirrend kalten Winter und der glutheißen Sommer berüchtigt; davon besonders betroffen sind die am Jakobsweg gelegenen Städte Burgos und León.

Schauer können im Sommer immer wieder kurze Schönwetterperioden unterbrechen, doch ist die Zeit zwischen Juli und August auch für Badefreunde günstig. Im Juni sind die Wassertemperaturen von 15/16 °C eher noch etwas für Hartgesottene. Dafür genießt man das Reiseziel noch vor der spanischen Urlaubszeit, die für volle Hotels und Strände sorgt. Das milde Klima lockt besonders Zentralspanier in den Norden, womit sich in beliebteren Orten im Juli und August die Zimmersuche erschwert. Juni und September sind sicherlich die schönsten Reisemonate.

Für Bergtouren besonders durch die Picos de Europa bietet sich der Spätsommer an, weil in dieser Zeit die Nebelschwaden zurückgehen.

Natur und Umwelt

Die Beziehung der Nordspanier zu Natur und Umwelt ist weit ausgeprägter als die der Südspanier, doch die Natur hat noch immer keine bahnbrechende Lobby. Während die Politik lieber schweigt als handelt, verschaffen sich vereinzelte Initiativen Gehör. Dazu zählt die in Galicien ansässige Bürgerplattform »Nunca mais« (»Niemals mehr«), deren Gründung eine Reaktion auf die vom havarierten Tanker »Prestige« (2002) verursachte Ölpest war, und die seither Umweltbelange kritisch unter die Lupe nimmt. *España verde*, das »grüne Spanien«, mit teils noch unberührten Naturräumen ist ein ökologisches Reservat für viele Tier- und Pflanzenarten und oft auch

Heiter bis wolkig

Sonnenscheingarantie gibt es in Nordspanien nicht, dafür erwartet den Besucher eine fruchtbare Landschaft und im Frühling eine bezaubernde Blütenpracht. Regenkleidung sollte man also im Reisegepäck haben, denn auf Nieselregen – die Basken nennen ihn *chirimiri,* die Asturier *orbayu* – muss man gefasst sein.

letzte Zuflucht für vom Aussterben bedrohte Tiere wie die wenigen Braunbären im asturischen Naturpark Somiedo. Auch die meisten Bäume des nur noch zu 10 % bewaldeten Landes sind im Norden verwurzelt. In Ostgalicien und in der Rioja wachsen vor allem Eichen, in Asturien und Kantabrien Kastanienbäume und Buchen. Dabei geht der biologisch gesunde Mischwald mancherorts zurück, u. a. auch weil nach Waldbränden häufig schnell wachsende Eukalyptusbäume gepflanzt werden, die dem Boden erbarmungslos Wasser entziehen.

Steckbrief

Regionen:
- **Navarra:** 10 421 km², ca. 600 000 Einw., Hauptstadt: Pamplona.
- **La Rioja:** 5 034 km², ca. 300 000 Einw., Hauptstadt: Logroño.
- **Baskenland:** 7 261 km², ca. 2 200 000 Einw., Hauptstadt: Gasteiz/Vitoria. Provinzen: Araba, Gipuzkoa, Bizkaia.
- **Kantabrien:** 5 289 km², ca. 550 000 Einw., Hauptstadt: Santander.
- **Asturien:** 10 564 km², ca. 1 200 000 Einw., Hauptstadt: Oviedo.
- **Galicien:** 29 434 km², ca. 3 000 000 Einw., Hauptstadt: Santiago de Compostela. Provinzen: A Coruña, Pontevedra, Ourense, Lugo.
- **Kastilien-León:** 94 224 km², ca. 2 800 000 Einw., Hauptstadt: Valladolid. Provinzen: Ávila, Burgos, León, Palencia, Salamanca, Segovia, Soria, Valladolid, Zamora.

Die Industrialisierung und der weit verbreitete illegale Schadstoffeintrag, sowohl in den Bergen als auch im Meer, führten zu ernst zu nehmenden Umweltschäden. So ist vor allem um Bilbo, Vigo und A Coruña das Baden stellenweise nicht zu empfehlen.

Flora und Fauna

Aufgrund des feuchten Klimas und der Höhenunterschiede ist Nordspaniens Flora sehr vielfältig, in der alpinen und subalpinen Vegetation der Gebirge finden sich auch seltene Orchideenarten. Wo die Wälder dem Agrarland weichen, prägen Heiden, Wiesen und Mohnfelder das Bild; an der Küste findet man Strandpalmen. Landwirtschaftlich bedeutend sind der Obst- und Getreideanbau – vor allem Äpfel, Trauben, Mais. Insgesamt ist die Vegetation Nordspaniens eher mitteleuropäischer als mediterraner Natur.

In der Fauna der höheren Lagen sind Wildschweine, Rotwild, Gämsen und sogar noch Braunbären vertreten. Ganz im Osten finden sich auch halbwilde Pferde, etwa an der 600 m hohen Steilküste der Serra da Capelada. Doch viele dieser Tierarten sieht man kaum. Eher zu Gesicht bekommt man Großvögel wie Adler, Geier und Habichte. In Navarra, Kastilien-León und La Rioja machen zur wärmeren Jahreszeit Störche Station. Die Gewässer Nordspaniens sind berühmt für Seekraken, Miesmuscheln, Langusten und Hummer; in den Gebirgsflüssen tummeln sich Forellen und Lachse.

Bevölkerung und Sprache

Rund 8 Mio. der 45 Mio. Einwohner Spaniens leben in den Regionen Nordspaniens. In jüngerer Zeit haben

Spargelanbau in Navarra

Migrantenströme aus Afrika und Lateinamerika zu einem Bevölkerungswachstum im ganzen Land beigetragen, was auch im Norden spürbar ist.

Die Bevölkerungsverteilung variiert stark zwischen dicht besiedelten industriellen Ballungsräumen um Bilbo/Bilbao, Oviedo und Vigo auf der einen und abgelegenen Gebieten Kastilien-Leóns und Ostgaliciens auf der anderen Seite. Allein in der Provinz Bizkaia lebt die Hälfte aller Basken, etwa 70 % davon in der Provinzhauptstadt Bilbo. Die Bevölkerungsdichte im gesamten Baskenland ist mit über 300 Einwohnern/km² extrem hoch.

Auffällig ist die selbstbewusste regionale Identität, die sich insbesondere in der Sprache manifestiert. Galicier sprechen ihr *galego,* das dem Portugiesischen verwandt ist. Im Baskenland pflegt man das *euskera,* eine eigene Sprache mit hartem Klang und ungeklärter Herkunft, die besonders die nationalistisch Gesonnenen im Alltag nutzen und fördern. Trotz aller Bemühungen Einzelner und auch der baskischen Sprachschulen *(ikastolas)* gibt jedoch das »Hochspanisch« ungebrochen den Ton an.

Die Asturier haben ihren eigenen Dialekt, das *bable.* Schätzungen zufolge beherrschen etwa 400 000 Menschen *bable,* während *galego* 3 Mio. und *euskera* 2 Mio. sprechen oder zumindest verstehen.

Erntedankfest in Asturien

Das ausgeprägte Selbstbewusstsein der nordspanischen Regionen resultiert nicht zuletzt aus ihrer historischen Bedeutung. Als Madrid noch ein Dorf war, entwickelten sich Asturien und Kantabrien zu Keimzellen der »Reconquista«, der christlichen Rückeroberung der iberischen Halbinsel. Die Rioja war bereits ein beliebtes Weinanbaugebiet, das galicische Santiago de Compostela europaweit als Pilgerziel bekannt und sowohl Burgos als auch León gängige Zwischenziele der Wallfahrer auf dem Jakobsweg nach Santiago.

Die stolzesten Bewohner Nordspaniens sind die Basken, welche aus Kleinasien oder Nordafrika gekommen sein könnten. Über Jahrhunderte lebten die Dorfgemeinschaften ihre Traditionen. Als einziger Teil der gesamten Iberischen Halbinsel wurde das Baskenland niemals romanisiert. Die überwiegende Mehrheit fühlt sich aber inzwischen nicht mehr nur als Basken, sondern auch als Spanier, auch wenn die ETA-Separatisten mit Anschlägen für Schlagzeilen sorgen.

Beachtlich ist im Westen Nordspaniens die anhaltende Beziehung zur keltischen Vergangenheit. Ähnlich wie in Wales oder Schottland gibt es in

Asturien und Galicien Keltenfeste und keltische Bräuche, die aus der Alltagskultur nicht wegzudenken sind.

Wirtschaft

Besonders Metallverarbeitung und Maschinenbau, aber auch Chemie und Raffinerien haben das Baskenland neben Madrid und Katalonien zum reichsten Wirtschaftsraum Spaniens gemacht. Viele Galicier aus den ärmlichen Provinzen Lugo und Ourense wanderten deshalb dorthin ab, wenn sie nicht gleich nach Mitteleuropa oder Lateinamerika emigrierten.

Daneben haben sich auch in Asturien im Dreieck Gijón, Oviedo und Avilés seit dem 19. Jh. Eisen- und Stahlwerke angesiedelt, die inzwischen aber zum Teil stillgelegt sind. Im kastilischen Burgos gibt es ausgedehnte Industriezonen (Textil, Papier, Chemie).

Das Berufsspektrum ist insgesamt schmal, Land- und Fischereiwirtschaft spielen nach wie vor eine wichtige Rolle. An den galicischen Rías Baixas floriert die Muschelzucht (Mies- und Jakobsmuscheln, Austern). Aufgrund massiver Fangrückgänge ist die galicische Hochseefischerei gezwungen, ihre Atlantik-Fanggründe bis nach Kanada und Westafrika auszudehnen. Weitere wichtige Arbeitgeber sind die Papier- und die Konservenindustrie.

Da Nordspaniens Agrarflächen im Gegensatz zum Süden kleinparzelliert sind, gibt es viele landwirtschaftliche Kleinbetriebe, die mitunter Mühe haben, mit den Früchten ihrer Arbeit den Lebensunterhalt zu sichern. In den Küstengebieten wird vor allem Obst, Gemüse und Mais angebaut. Das Rioja-Gebiet lebt vom Weinexport, während Navarra neben Wein auch Spargel verkauft. Kastilien-León ist für seine Kornkammern bekannt.

Der Tourismus in Spaniens Norden steht im Aufwind. Immer mehr Einheimische wenden sich von der überlaufenen Mittelmeerküste ab und quartieren sich im nördlichen Hinterland in Landhäusern *(casas rurales)* ein. Für nationale und internationale Zugkraft sorgt der Jakobsweg nach Santiago de Compostela, der viele Arbeitsplätze im Dienstleistungssektor beschert.

Kräftemessen unter Basken

Sardinenkutterrudern oder Tauziehen sind die harmloseren Varianten baskischen Sports. Was die Basken sonst noch an Wettkämpfen präsentieren, wirkt archaisch und trägt ihnen spanienweit das Image der Muskelprotze ein. Ein richtiges Fest kommt ohne Grasmähen mit der Sichel *(segalaris),* Holzspalten *(aizkolaris)* und das meterweite Schleppen von 80 kg schweren Sandsäcken nicht aus. Beliebt ist auch *idi probak:* Dabei müssen Ochsen mit tatkräftiger Unterstützung ihrer Besitzer riesige Gewichte so weit wie möglich schleifen. Zu den beliebtesten Kraftakten ausschließlich männlicher Wettstreiter gehört das Steineheben *(harrijasoketa).* Eine weitere Lieblingssportart ist das Pelotaspiel. Bei dieser Squashvariante zu zweit oder viert versuchen die Teilnehmer, abwechselnd einen harten Ball mit dem Schläger oder der bloßen Hand gegen die Wand zu schlagen, ohne eine Miene zu verziehen, versteht sich.

Politik und Verwaltung

Franco hatte während seiner Militärdiktatur (1939–1975) das Streben nach regionaler Selbstverwaltung unterdrückt. Erst nach seinem Tod konnte der Regionalismus wieder aufleben. Auf der Basis der demokratischen Verfassung von 1978 wurde das Land in 17 Autonome Regionen *(Comunidades Autónomas)* unterteilt. Besonders früh erlangten die so genannten »historischen Autonomien« Galicien und Baskenland weitgehende Selbstbestimmungsrechte in den Bereichen Steuern, Kultur und Erziehung.

Die Basken verfügen zudem seit 1982 über eine eigene – nur aus Basken bestehenden – Polizei, die Ertzaintza. Ihr Markenzeichen ist die rote Baskenmütze *(boina)*. Als Minderheit im eigenen Volk versucht die ETA *(Euskadi Ta Askatasuna = »Baskenland und Freiheit«)* immer wieder mit Erpressung und brutalen Morden, einen Einheitsstaat aus der baskischen Autonomie, Navarra und dem französischen Pays Basque zu erzwingen. Trotz zahlreicher Verhaftungen von ETA-Spitzen ist der entscheidende Friedensdurchbruch bisher ausgeblieben. Dies gilt auch für Verhandlungen mit der ETA in der Regierungszeit der konservativen Partido Popular (PP) unter José María Aznar (1996–2004), ebenso wie unter der sozialistischen Regierung unter José Luis Rodríguez Zapatero (PSOE, 2004–2008). Im Vorfeld der Parlamentswahlen 2008, aus denen Zapatero erneut als Sieger hervorging, verübte die ETA im Baskenland ein tödliches Attentat auf einen ehemaligen Kommunalpolitiker.

Bekämpfung des Terrorismus und der Arbeitslosigkeit sowie Förderung des Wirtschaftswachstum sind oberste Anliegen der Zapatero-Regierung in ihrer zweiten Legislaturperiode.

20 000 –10 000 v. Chr. Jäger und Sammler hinterlassen Felsritzzeichnungen und Höhlenmalereien u. a. in der Cueva de Altamira und den Cuevas de Tito Bustillo.

Ca. 2400 v. Chr. Es entstehen die ersten kollektiven Megalithgräber.

Ab 600 v. Chr. Kelten siedeln sich in Spaniens Norden an und bauen Wehrdörfer (castros); allein in Galicien sind Reste von mehr als 3000 Rundhäusern erhalten.

1. Jh. v. Chr. Unter Kaiser Augustus erobern römische Truppen die nördlichen Gebirge und damit den letzten Abschnitt der Iberischen Halbinsel. Nordspanien wird in die Provincia Tarraconensis integriert.

Ab 400 n. Chr. »Struppige germanische Barbarenhorden« (nach Paulus Orosius) überqueren die Pyrenäen und verdrängen die Legionäre.

Im Nordwesten gründen die Sueben ein eigenes Königreich, Kantabrier und Basken bleiben von der Invasion zunächst verschont. Ab Mitte des 5. Jhs. erobern die Westgoten weite Teile des spanischen Nordens.

711 Die Mauren unterwerfen das Reich der Westgoten, besetzen aber nicht den Norden Spaniens. Keimzelle der christlichen Rückeroberung *(Reconquista)* wird das 718 von Don Pelayo gegründete Kleinkönigreich Asturien.

778 In der Schlacht bei Roncesvalles besiegen Basken die Nachhut Karls des Großen. Es entsteht das Königreich Navarra.

Geschichte im Überblick

Um 820 Im Hinterland von Iria Flavia (Galicien) werden die vermeintlichen Gebeine des Apostels Jakobus entdeckt und begründen die Santiago-Wallfahrt. Entlang des Jakobsweges entstehen romanische Kirchen und Klöster.

1492 Christliche Truppen erobern Granada, das letzte maurische Emirat. Die Katholischen Könige Ferdinand von Aragón und Isabella von Kastilien verweisen alle Juden des Landes.

Im selben Jahr entdeckt Kolumbus unter spanischer Flagge Amerika.

1534 Ignatius von Loyola gründet den Orden der Jesuiten.

1701–1713 Im Spanischen Erbfolgekrieg zwischen den österreichischen Habsburgern und den französischen Bourbonen setzt sich die französische Dynastie durch.

1808–1814 Napoleon erobert Spanien und setzt seinen Bruder Josef als König ein.

19. Jh. Neben technischen Neuheiten wie Eisenbahn und Gaslaterne gehören die Wahlen zu den großen Errungenschaften des Jahrhunderts. Doch die Erste Republik (1873/74) behauptet sich nur wenige Monate. Gegen Ende des 19. Jhs. zwingt die wirtschaftliche Not viele junge Männer zur Emigration nach Lateinamerika.

1931–1936 Der zweite Versuch einer Republik ist gekennzeichnet von der Kluft zwischen Kirche, Adel und Großgrundbesitz auf der einen, Sozialismus, Liberalismus und Anarchismus auf der anderen Seite.

1936–1939 Der Konflikt zwischen Tradition und Moderne mündet in den Spanischen Bürgerkrieg, der 1,2 Mio. Menschenleben fordert.

1939–1975 Die jahrzehntelange Militärdiktatur Francos unterdrückt die Opposition und verbietet die Regionalsprachen. Ende der 1950er-Jahre entsteht die baskische Untergrundbewegung »Euskadi Ta Askatasuna« (ETA).

1975–1982 Nach Francos Tod (20. Nov. 1975) beginnt eine Phase des Überganges (Transición); Spanien wird eine parlamentarische Monarchie mit König Juan Carlos I an der Spitze.

1982 Die Sozialisten übernehmen die Regierung.

1996 Der Konservative José Maria Aznar (PP) löst Felipe González als Ministerpräsident ab.

1997 In Bilbo (Bilbao) wird das Museum Guggenheim eröffnet.

2002 Die Havarie des Tankers »Prestige« verursacht eine Ölpest an der nordspanischen Küste.

2003 Landesweite Proteste, da sich Regierungschef Aznar US-Präsident Bushs »Allianz der Willigen« für den Irakkrieg anschließt.

2004 Terroranschlag auf Pendlerzüge in Madrid am 11. März mit fast 200 Toten. Drei Tage später Parlamentswahlen mit Machtwechsel: José Luis Rodríguez Zapatero von der Sozialistischen Arbeiterpartei PSOE löst Aznar ab. Spanien zieht seine Truppen aus dem Irak ab.

2005 Im europaweit ersten Referendum zur EU-Verfassung stimmen 77 % der Spanier mit »Ja«.

2008 Erneuter Sieg der Sozialisten bei den Parlamentswahlen; Zapatero behauptet sich als Regierungschef, die PSOE erlangt knapp 44 %.

Kultur gestern und heute

Kelten und Römer

Aus keltischer Zeit sind in Asturien und Galicien die runden und ovalen Grundmauern einiger Dörfer *(castros)* erhalten, die meist an strategisch günstigen Stellen, aber ohne Zentrum oder Versammlungshaus angelegt waren. Nahe der portugiesischen Grenze kann man im Keltendorf auf dem **Monte de Santa Tecla** die Rekonstruktion einer keltischen Rundhütte studieren; an der asturisch-galicischen Grenze ist die Ausgrabungsstätte **Castro de Coaña** zu besichtigen. Römische Spuren findet man in Nordspanien vergleichsweise seltener als in Zentral- und Südspanien; in Galicien zählen etliche Thermen und Brücken sowie die vollständig erhaltene Stadtmauer von Lugo dazu.

Die Romanik

Die Technik des soliden Steinbaus der Römer übernahmen die Westgoten, wie man am Beispiel der Kirche Santa Comba de Bande bei Ourense sehen kann; sie ist in der charakteristischen Form eines Hufeisens angelegt. Mit den Anfängen der Reconquista bildete sich in Asturien der frühromanische Stil heraus; die schönsten architektonischen Zeugnisse davon finden sich im Umkreis der asturischen Königsresidenz, d. h. in der Umgebung von Oviedo (San Julián de los Prados, Santa María de Naranco und San Miguel de Lillo). Aus dem unter islamischer Herrschaft stehenden Südteil der Halbinsel brachten vom 8. Jh. an christliche Handwerker den mozarabi-

Herrliche Kapitelle sind im Kreuzgang von La Colegiata in Santillana del Mar zu bewundern

schen Stil mit, der an San Millán de Suso bei Logroño oder der kleinen Kirche Santa María de Lebeña in den Picos de Europa seinen Niederschlag gefunden hat.

Die Romanik entwickelte sich im 11. Jh. zum nordspanischen Architekturstil schlechthin. Die von Frankreich inspirierte Bauweise mit Kreuzrippengewölbe und Rundbogen hat besonders entlang dem Jakobsweg eine Vielzahl von wehrhaften Klöstern und Kirchen geprägt.

Im Zusammenspiel mit der romanischen Architektur entstand zum ersten Mal seit der Antike wieder eine monumentale Bauplastik; Kapitelle in Kreuzgängen (z. B. in der Kollegiatskirche von Santillana del Mar) und Reliefs an Portalen (z. B. der Pórtico de la Gloria in Santiago und das Portal von Santa María La Real in Sangüesa) spiegeln einen grandiosen Figurenreichtum wider, einen Kosmos aus Fabel- und Heiligenwelt, der bis heute den Betrachter in seinen Bann zieht.

19

Von der Gotik zum Barock

In Nordspanien spielt die ab dem 13. Jh. auftretende Gotik mit ihren Spitzbogen und Bündelpfeilern eine wichtige Rolle. Paradebeispiele sind die Kathedralen von Burgos, León und Oviedo. Die Gotik setzt sich fort im plat_eresken Stil *(platero = Silberschmied)*, der seine Dekorationskunst vorzugsweise an Fassaden, Chorgittern und Altarretabeln zur Geltung bringt. Ebenso wie der mit ihm verwandte isabellinische Stil (benannt nach Königin Isabella I von Kastilien, 1474–1504) stellt er eine spezifisch spanische Variante im Übergang zur Renaissance dar. Zu den großartigsten Prachtbauten dieser Phase zählt das Hostal de los Reyes Católicos in Santiago de Compostela. Im Gegensatz dazu orientiert sich der strenge, schmucklose Herrerastil an Italien; ein Beispiel für diese Architekturrichtung ist das Monasterio de Yuso (s. S. 60).

Ab dem 17. Jh. trat der Barock mit seiner spanischen Spielart des Churriguerismus (namensgebend war eine Architektendynastie) in Erscheinung; kennzeichnend dafür sind opulent verzierte, mitunter überladen wirkende Kirchenfassaden – ein schönes Beispiel ist die Westseite der Kathedrale von Santiago. Auch die 65 m hohe Kuppel der Basilika San Ignacio de Loyola ist das Werk eines der drei Baumeister namens Churriguera.

Malerei

Nordspanien ist besonders für seine Höhlenmalereien berühmt. Die zum Teil hervorragenden künstlerischen Darstellungen aus der Altsteinzeit finden sich besonders in Kantabrien, aber auch in Asturien und im Baskenland. Höhlen *(cuevas)* mit prähistorischen Wandgemälden und Felsritzungen – in erster Linie Tiermotive darstellend – sind neben der berühmten Altamira-Höhle (2 km südlich von Santillana) auch die Cueva de Santimamiñe (5 km nordöstlich von Gernika), die Cuevas de Tito Bustillo (bei Ribadesella), deren Zeugnisse sogar auf rund 20 000 v. Chr. datiert werden und damit die ältesten in dieser Region sind, sowie die Cueva del Buxu (5 km nordöstlich von Cangas de Onís).

Unter den Nachkommen dieser frühen Maler auf nordspanischem Boden gelang es erst dem Basken Ignacio Zuloaga (1870–1945), sich mit seinen impressionistischen Bildern international einen Namen zu machen. Im Museo de Bellas Artes in Bilbo und im Museo San Telmo in Donostia begegnet man seinem Werk sowie weiteren baskischen Größen des 20. Jhs. wie Jesús Olasagasti oder Miguel Angel Alvarez; ihre zum Teil düsteren Gemälde sind häufig dem Alltagsleben gewidmet. Mit baskischen Malern kann man sich in den Museen der Schönen Künste in San Sebastián

Hórreos

Vor allem in Galicien und Asturien stößt man immer wieder auf hórreos, steinerne Mais-, Getreide- oder Kartoffelspeicher, die auf Stelzen stehen, um Nässe und Nagetiere abzuhalten.
In Asturien sind sie in quadratischer Form und mit farbenfrohem Anstrich anzutreffen, in Galicien dagegen als längliche Granitbauten. Das Dach ziert neben dem christlichen Kreuz oft die pyramidenförmige fica, das Fruchtbarkeitszeichen der Kelten.

(Donostia) und Vitoria (Gasteiz) vertraut machen. Aus Donostia stammt der international bekannte Bildhauer Eduardo Chillida (1924–2002). Seine kraftvollen Arbeiten aus Eisen und Stein findet man vielerorts in Nordspanien, u. a. in einem eigenen Museum nahe seiner Heimatstadt (s. S. 36).

Literatur

Die international geschätzte Lyrikerin **Rosalía de Castro** (1837–1885) aus Padrón schrieb ihre Gedichte, die in der Tradition der Romantik die galicische Landschaft poetisieren, aber auch zeitgenössische und für die Region typische soziale Probleme zum Gegenstand haben, hauptsächlich in *galego*. Durch sie wurde mehr als 500 Jahre nach der hochmittelalterlichen Blütezeit galicischer Lyrik Galicisch wieder zur Literatursprache. Schauplatz der genauen Landschafts- und Milieuschilderungen von **Emilia Pardo Bazán** (1851–1921) aus A Coruña ist ebenfalls ihre galicische Heimat. Ihre naturalistischen Romane – so »La Tribuna« (1883) über ein Frauenschicksal im Zeitalter der industriellen Revolution und »Los pazos de Ulloa« (1886) sowie dessen Fortsetzung »La madre naturaleza« (1887), in dem Pedrucho und Manolita unwissend Inzest begehen, schockierten das Bürgertum. Mit ihrem Werk gehört sie zu den Wegbereitern der »generación de 98«, die im ausgehenden 19. Jh. mit dem Verfall der politischen Macht in Spanien (Verlust der letzten Kolonien in Übersee) eine Europäisierung des Landes favorisierte.

Ramón María del Valle-Inclán (1866–1936) aus Vilanova de Arousa (Provinz Pontevedra) setzte in seiner Gedichtsammlung »Claves líricas« »Lyrische Register«, 1930) auf die

El Camino de Santiago

Die Entstehung des Jakobswegs fällt in eine Periode von höchster politischer und religiöser Brisanz. Mauren hatten 711 das Reich der Westgoten erobert und in Südspanien mit Al Andalus eine blühende Kulturlandschaft heraufgeführt. Ausgehend von Asturien formierte sich im Norden der christliche Widerstand. Die Reconquista erlebte einen unglaublichen Aufschwung, als bei Iria Flavia (heute Padrón) um 820 das Grab des hl. Jakobus (Santiago) entdeckt wurde: Ein Einsiedler berichtete von himmlischen Zeichen, die ihm den Weg zum Apostelgrab gewiesen hätten. Nachdem man über den Gebeinen eine Kirche errichtet hatte, verbreitete sich die Nachricht von der wundersamen Entdeckung in Windeseile. Der friedliche Apostel avancierte in kurzer Zeit zur Symbolfigur im Kampf gegen die Mauren. Und so sind auch die Standbilder in vielen Kirchen zu verstehen, die den frommen Mann zu Pferde mit einem Schwert als Maurentöter *(matamoros)* darstellen.

Der Hauptweg *(camino francés)* führt über Pamplona, Burgos und León nach Santiago de Compostela. Nördlich davon geht der Küstenweg über Irún, Donostia, Santander, Oviedo und Ribadeo in die galicische Hauptstadt. Besonders die romanisch geprägte Hauptroute war und ist für Spanien von großer wirtschaftlicher und kultureller Bedeutung.

bildhafte Wirkung des Wortes und damit auf eine Erneuerung der spanischen Poesie. Bevorzugter Schauplatz der Handlungen war das ländlich-katholische Galicien, so in den »Comedias bárbaras« (»Ungeheuerliche Komödien«) und in den »Divinas palabras. Tragicomedia de aldea« (»Wunderworte. Eine dörfliche Tragikomödie«), einer Groteske aus dem Jahre 1920.

Camilo José Cela (1916–2002), der Literaturnobelpreisträger von 1989, ist wahrscheinlich der berühmteste galicische Autor. Mit seinem 1983 erschienenen Roman »Mazurca para dos muertos« (»Mazurka für zwei Tote«) thematisierte er das Trauma des Spanischen Bürgerkrieges, eingebettet in die Saga einer galicischen Familie. Das Werk avancierte in kürzester Zeit zum Bestseller und wurde 1984 mit dem Nationalpreis für Literatur ausgezeichnet. Cela bedient sich für die derben, realistischen Schilderungen einer Alltagssprache; die galicischen Ausdrücke sind in einem beigefügten Verzeichnis erklärt.

Unter den Basken sticht **Miguel de Unamuno** (1864–1936) hervor, der in Salamanca lehrte und 1924 wegen antidiktatorischer Schriften nach Fuerteventura verbannt wurde. Auch er gehörte der »generación de 98« an. Ein weiterer bedeutender Vertreter dieser Vereinigung war der pessimistische Romanschriftsteller **Pío Baroja y Nessi** (1872–1956) aus Donostia/San Sebastián. In einigen seiner über 60 Romane, mit denen er die große spanische Erzähltradition fortsetzte, beschreibt er anschaulich das baskische Landleben.

Ein bedeutender Romancier war auch der baskische Schriftsteller **Juan Antonio de Zunzunegui y Loredo** (1901–1982). Sein realistischer Roman »El barco de la muerte« (»Das Todesschiff«, 1945) zeichnet sich durch genaue Milieu- und Typenstudien aus.

In Oviedo lebte der Juraprofessor Leopoldo Alas y Ureña (1852–1901), der unter dem Pseudonym **Clarín** naturalistische Erzählungen und Romane schrieb. Sein bekanntestes Werk »La Regenta« (1884/85) schildert den Ehebruch der verheirateten Ana mit dem Priester Don Fermín vor dem Hintergrund der heuchlerischen Stadtgesellschaft von Vetusta (Oviedo).

Zu den neueren Vertretern der (nord-)spanischen Literatur zählen die baskische Romanautorin **Lucía Etxebarria** (geb. 1966) und der aus Burgos stammende **Manuel de Lope** (geb. 1949), der mit »Miguels unglaubliche Reise oder Das Buch aus Haifischhaut« (dtv Junior) auch ein spannendes Buch für Kinder geschrieben hat. **Manuel Rivas** (geb. 1957) ist ein preisgekrönter Autor aus A Coruña. Auf Deutsch liegen sein Erzählband »Die Nacht, in der ich auf Brautschau ging« und der Roman »Der Bleistift des Zimmermanns« vor (Suhrkamp Taschenbuch Nr. 3437 u. 3315).

Im Baskenland genießt der einheimische Autor **Bernardo Atxaga** (geb. 1951) große Anerkennung, dessen

---

Lektüretipps

Wenn es um Literatur über Nordspanien geht, muss natürlich Ernest Hemingway erwähnt werden, der in seinem Werk **Fiesta** (»The sun also rises«; deutsche Ausgabe: rororo TB Nr. 5) dem Stiertreiben in Pamplona huldigte und es damit international berühmt machte. Brillant geschrieben ist auch **Der Umweg nach Santiago** von dem Niederländer Cees Nooteboom (Suhrkamp TB Nr. 3860).

Feste & Veranstaltungen

Hinweis: Aus organisatorischen oder Witterungsgründen können manche Feste verschoben werden. Droht an den Osterfeiertagen Regen, können Prozessionen mit den wertvollen Standbildern ersatzlos ausfallen. Termine wichtiger Ausstellungen, Konzerte und Festivals findet man auf der Website des spanischen Kulturministeriums unter www.mcu.es (auch englisch).

▌ Januar: Am 5. 1., dem Vorabend des Dreikönigstages, vielerorts farbenfrohe **Umzüge** u. a. in Pamplona. **Fest des Stadtpatrons San Sebastián** in Donostia (19./20. 1.).

▌ März: Kolumbusfest in Baiona (Monatsanf.). An zwei März-Wochenenden Wallfahrten nach Javier, Geburtsort des hl. Franz-Xaver.

▌ April: Semana Santa (Karwoche): Prozessionen in vielen Orten Nordspaniens, besonders in Logroño und León.

▌ Mai: Um den 12. 5. **Patronatsfest** in Santo Domingo de la Calzada. Von Mitte Mai bis Mitte Juli werden in Galicien halbwilde Pferde zusammengetrieben: **rapas das bestas** oder **curros** u. a. in Oia und San Lorenzo de Sabucedo.

▌ Juni: Mehrtägiges **Fest zu Ehren von Peter und Paul** (San Juan y San Pedro; ca. 21.–30. 6.) in León. Bei der **Batalla del Vino** (»Weinschlacht«) nahe der Rioja-Hochburg Haro tränken und bespritzen sich die Feiernden gegenseitig mit Rotwein (29. 6.); **Stadtfest** in Burgos (um den 29. 6.).

▌ Juli: Während der **Fiesta de San Fermín** (6.–14. 7.) findet jeden Morgen eine Stierhatz durch Pamplona statt; eine ganze Woche lang wird geflirtet, getanzt und getrunken (s. S. 41). Am 16. 7. **Meeresprozessionen zu Ehren der Virgen del Carmen** in vielen Küstenorten. **Fiestas del Apóstol** in Santiago de Compostela: Festivitäten in der 2. Julihälfte mit Höhepunkten um den Aposteltag 25. Juli.

▌ August: Festival Internacional in Santander und **Fiesta María Pita** in A Coruña mit Konzerten, Theater und Stierkampf während des ganzen Monats; 1. Wochenende **Weinfest** im Albariño-Zentrum Cambados; 1. Sonntag **Wikingerfest** im galicischen Catoira (s. S. 8); 2. Sonntag **Fiestas de la Peregrina** zu Ehren der Schutzpatronin von Pontevedra; **Fiesta de la Virgen Blanca** in Gasteiz/Vitoria (4. 8.); um den 15. 8. **Semana Grande** (»Große Festwoche«) in Bilbao; **Batalla de las Flores** (»Blumenschlacht«) in Laredo (letzter Fr).

▌ September: Romería zu Ehren der asturischen Schutzheiligen Santina in Covadonga (8. 9.) und zum **Santuario de Nossa Senhora da Barca** in Muxia. Ebenfalls am 8. 9. **Romería** nach O Cebreiro. Anf. Sept. **Fiesta de sidra** (Apfelweinfest) in Villaviciosa. **Día de América en Asturias** in Oviedo (19. 9.), Fest zu Ehren der asturischen Emigranten mit Folkloregruppen; **Fiesta de San Mateo** zu Ehren des Stadtpatrons von Logroño (um den 20. 9.). Ab dem 3. Donnerstag **Internationale Filmfestspiele** in Donostia/San Sebastián.

▌ Oktober: Am 5. 10. **Fiesta de San Froilán** in León; um das 2. Wochenende **Festa do Marisco** (»Fest der Meeresfrüchte«) in O Grove.

vielfach übersetzter Roman »Oba-bakoak« verfilmt worden ist. In »Der Sohn des Akkordeonspielers« (Suhr-kamp-Insel) hat sich Atxaga der ETA-Problematik angenommen.

Folklore

Das Stichwort spanische Folklore ruft unwillkürlich Bilder von glutäugigen Flamencotänzerinnen, geschmückten Rassepferden und heißblütigen Gitar-respielern wach. Diese Klischees ha-ben mehr mit Andalusien als mit der nordspanischen Alltagskultur gemein. Hier gehen viele Bräuche auf die Kel-ten zurück. Sie sind genährt von Glau-be und Aberglaube sowie mündlichen Überlieferungen.

Die christliche Verwurzelung zeigen Wallfahrten *(romerías)* und Dorffeste, die jeweils dem lokalen Schutzpatron gewidmet sind. An diesen Festtagen tragen viele die traditionelle Tracht und musizieren auf Flöten *(flautas),* Dudelsäcken *(gaitas)* und Handtrom-meln *(tambores);* ganz a capella sin-gen die baskischen und kantabrischen Männerchöre. Zum Tanzgut der Bas-ken gehören der Reigentanz *aurresku* sowie Schwert- und Stocktänze *(espa-dadantza).* In Navarra ist die *jota* be-liebt, eine aus Aragón stammende Tanz- und Liedform.

In Galiciens Provinz Pontevedra ze-lebriert man die *rapa das bestas,* bei der halbwilden Pferden die Mähne und der Schwanz gestutzt werden und die Dorfjugend ihren Mut beweist (s. S. 92). Besucher erleben die Zere-monie inzwischen als kommerziali-sierte Veranstaltung; man möchte das Spektakel vermarkten wie das weltbe-kannte Stiertreiben *(encierro)* in Pam-plona – nur fehlt bislang ein *aficiona-do* vom Kaliber eines Hemingway, der dies literarisch verwertet ...

Essen und Trinken

Kennzeichnend für die Koch-kunst Nordspaniens ist die Viel-falt und hohe Qualität atlantischer Meeresfrüchte und eine zumeist schlichte Zubereitung. So stößt man selbst in der Gourmethochburg Do-nostia auf einfachere Gerichte. Der Norden verfügt über Weideland und fruchtbare Äcker, auf denen beson-ders Kartoffeln, Kohl und Mais geern-tet werden; Gemüseeintöpfe mit Fleisch sind daher verbreitet. Die Bergflüsse liefern Lachse und Forel-len, und in manchen Gebieten werden hervorragende Käse und Weine herge-stellt. Dabei verfügt jede Region über ihre Spezialitäten.

Das Baskenland

Die baskische Küche hat sich durch Starköche und gastronomische Ge-sellschaften einen besonderen Ruf erworben. Zu den berühmtesten Ge-richten der Basken gehören Kiemen-backen des Seehechts *(kokotxas)* und Stockfisch in Öl und Knoblauch *(ba-calao al pil-pil).* Beliebte Gerichte sind Sardinen *(sardinas)* und gebratene Glasaale *(angulas a la bilbaína).* Alter-nativ zum Fisch kann man Ochsen-schwanz mit Gemüse *(sulkaki)* oder *pisto a la Vizcaína,* ein Gericht aus To-maten, Zucchini und Paprika, bestel-len. Bei Biskuit mit Creme *(goxua)* oder Schmalzgebäck *(mantecas)* kom-men Schleckermäuler auf ihre Kosten.

Navarra und Rioja

Wer einfache Hausmannskost schätzt, sollte in **Navarra** *migas del pastor,* ein Gericht aus Brotwürfeln, Gewürzen

Der aus drei Milchsorten hergestellte Cabrales reift in Höhlen

Appetitlich angerichtet: Chorizo-Wurst und Käse als Vorspeise

und Öl, bestellen. Eine Spezialität ist *trucha a la navarra,* mit Schinken umwickelte und Kräutern gefüllte gebratene Forelle. Kulinarischen Genuss versprechen auch *cordero en chilindrón,* Lammfleisch in scharfer Soße, und *paloma en vino tinto,* Taube in Rotweinsoße. Im Süden Navarras wird von kleinen Familienbetrieben der beste Spargel *(espárrago)* ganz Spaniens kultiviert. Als Nachtisch empfehlen sich gefüllte Kuchen *(bizcochos rellenos)* oder Hefegebäck *(ensaimadas).* Bevorzugen Sie Käse, sollten Sie *idiazábal* wählen, einen Schafskäse, der mindestens zwei Monate mit Buchenholz geräuchert wurde. In der Region von **Rioja** kann man sich Hausmannskost wie *callos a la Rioja,* stark gewürzte Kutteln, oder Spezialitäten wie Leberpasteten *(paté de higado)* und gebratene Austernpilze *(setas a la plancha)* schmecken lassen.

Asturien und Kantabrien

Fabada ist das Regionalgericht **Asturiens** schlechthin. Der nahrhafte Eintopf besteht aus weißen Bohnen *(fabes),* Tomaten, Speck, Paprika- und Blutwurst, Schweinspfoten, diversen Gemüsen und gelegentlich Venusmuscheln *(almejas).* Die Bohnen werden auch als Beilagen zu Rebhuhn, Wildschwein und Hirschbraten gereicht.

Zudem erwartet den Besucher eine reiche Auswahl an Meeresfrüchten wie Hummer *(bogavante),* Entenmuscheln *(percebes),* Tunfisch *(bonito),* Langusten *(langostas)* und Seehecht *(merluza),* oft mit Apfelwein zubereitet. Zu den Süßspeisen zählen die *fiyuelas,* eine Art Eierpfannkuchen.

Die Küche **Kantabriens** teilt mit der asturischen die Vorliebe für Eintöpfe sowie *crustáceos* – Krusten- und Schalentiere. Darüber hinaus gibt es köstliche Kalorienbomben: neben Milchreis *(arroz con leche)* und gebackenen Milchschnitten *(leche frita)* ist die äußerst nahrhafte *quesada* aus Frischkäse, Honig und Butter empfehlenswert.

Kastilien-León

In *Castilla y León* setzt sich die kulinarische Tradition der Eintöpfe fort; als Sattmacher gilt z. B. *cocido maragato.* Ebenfalls beliebt sind Lammkoteletts *(chuletas de cordero),* gegrilltes Ferkel *(cochinillo asado)* und Blutwurst aus Burgos *(morcilla de Burgos).* Weniger kalorienreich kommt der Frischkäse aus Burgos *(queso de Burgos)* daher. In der Gegend um Astorga gibt Süßes den Geschmackston an: Schmalzplätzchen *(mantecadas)* und Blätterteiggebäck *(hojaldres).*

Galicien

Über 90 See- und Flussfische, z. B. Seehecht *(merluza),* Steinbutt *(rodaballo),* Wolfsbarsch *(lubina),* Zackenbarsch *(mero)* und Meerbrasse *(besugo),* tummeln sich in den galicischen Gewässern. Hier bekommt man auch frische Meeresfrüchte, wie Teufelskrabben und Seekraken *(pulpo)* – viele Orte haben ihre eigenen Spezialitäten: Malpica de Bergantiños die Entenmuscheln *(percebes),* Vigo die Austern *(ostras)* und Pontevedra die Miesmuscheln *(mejillones).* Jakobsmuscheln *(vieiras)* werden gerne mit Tomatensoße und Brandy verfeinert.

Auf keinem Dorffest fehlen Pasteten *(empanadas):* in Maismehl oder Weizenmehl werden Lorbeer, Tomaten, Zwiebeln und Paprikaschoten eingebacken, daneben je nach Gusto auch Fleisch und Fisch. *Caldo gallego* ist eine bunte Gemüsesuppe aus weißen Bohnen, Wirsing und Kartoffeln, *lacón con grelos,* gepökelter Vorderschinken mit Steckrübenblättern, ein herzhaftes Gericht, das mit Speck, Wurst und Kartoffeln angereichert wird. Landesweiten Ruf genießen die Pfefferschoten *(pimientos)* aus Padrón und *queso de tetilla,* ein Käse in Brustform.

Edler Schimmel

Käseliebhabern sei der asturische Blauschimmelkäse **cabrales** empfohlen, der aus Kuh- bzw. Schafs- und Ziegenmilch hergestellt wird. Drei bis sechs Monate reift er in Höhlen mit über 90 % Luftfeuchtigkeit. Delikat schmeckt er in einer Sahnesoße zu Lachs *(salmón)* und Forellen *(truchas).*

Ein Ritual: das Einschenken des asturischen Apfelweins

Naschkatzen sollten den Mandelkuchen *tarta de Santiago,* dekoriert mit dem Kreuz der Jakobsritter aus Puderzucker, und *filloas de leche,* mit Eiercreme gefüllte Pfannkuchen, probieren.

Sidra, pacharán und queimada

Zum Essen kommen Wein und Wasser auf den Tisch. Will man kohlensäurehaltiges Mineralwasser, bestellt man *agua mineral con gas.* Asturien und Kantabrien sind berühmt für die *sidra.* Um den Sauerstoffgehalt zu erhöhen, stürzt man den perlenden Apfelwein aus Kopfhöhe in hauchdünne Gläser. Im Baskenland wie im kulinarisch verwandten Navarra trinkt man nach dem Essen einen *pacharán,* einen Likör aus Anis und Schlehen.

In Galicien halten Kenner viel von *orujo* (Tresterschnaps). *Queimada,* ein heißes Getränk aus flambiertem orujo, Zitronenschalen und Kaffee, mundet besonders in gemütlicher Runde.

Urlaub aktiv

Fahrrad fahren

Der Jakobsweg per Rad ist groß in Mode. Wer lückenlos dem richtigen Pilgerweg folgen will, braucht ein Mountainbike. Radverleih ist in Spanien kaum verbreitet, weshalb man sein eigenes Bike mitbringen sollte; die meisten Fluglinien transportieren Räder gegen geringen Aufpreis bei frühzeitiger Anmeldung und entsprechender Verpackung des Drahtesels.

Golf

Attraktive Golfplätze gibt es insbesondere in den baskischen und galicischen Provinzen. Die Mitgliedschaft in einem Golfklub ist nicht immer Voraussetzung für die Nutzung der Anlagen.

i **Real Federación Española de Golf,** Arroyo del Fresno Dos 5, 28035 Madrid, Tel. 915 55 26 82, www.golfspainfederacion.com. Informationen und Überblicksplan über spanische Golfeinrichtungen.

Reiten

Reitschulen bieten in Navarra, Asturien, Galicien und Kantabrien (durch die Picos de Europa, s. S. 72) Exkursionen zu Pferd an.

i Auskünfte erhält man über den Pferdesport-Dachverband **Real Federación Hípica Española,** Calle Monte Esquinza 28/3, 28010 Madrid, Tel. 914 36 42 00, Fax 915 75 07 70, www.rfhe.com, in dem auch die Regionalverbände Nordspaniens organisiert sind.

Der Jakobsweg ist auch eine sportliche Herausforderung

❚ Unter **www.caminoacaballo.com** bietet ein Veranstalter den Jakobsweg zu Pferd an.

Sprachkurse

Ein Aktivurlaub anderer Art sind Sprachkurse. Besonders an den westlichen Rías Baixas haben sich einige Schulen etabliert, die auch für Unterkunft und Freizeitaktivitäten sorgen. Beliebte Unikurse für Ausländer finden in Donostia und Santander statt.

⭐ Eine empfehlenswerte Sprachschule mit langjähriger Erfahrung ist **Tandem** im baskischen San Sebastián, Plaza Gipuzkoa 2, Tel. 943 42 51 57, www.tandem-schools.com.

Wandern

Für Wanderungen bietet sich das gesamte Hinterland, besonders aber das Hochgebirge Asturiens und Kantabriens an. Wanderkarten gibt es vor Ort im Buchhandel; Wanderführer sind allerdings meist nur auf Spanisch erhältlich. Sehr beliebt ist der Jakobsweg (s. S. 55 ff.) Die schönste Route in den Picos de Europa führt durch die Garganta de Cares (s. S. 74), eine Strecke, die sich problemlos im Alleingang bewältigen lässt. Über geführte Bergwandertouren (Tipp: zwischen 1. Juli und 30. Sept. kostenlos) informiert das Nationalpark-Büro:

i **P. N. Picos de Europa,** Avenida de Covadonga, Casa Dago, Cangas de Onís, Tel. 985 84 86 14, www.picoseuropa.net (nur Spanisch)

Wassersport

Wassersportler kommen fast überall auf ihre Kosten. Segler zieht es besonders in das Gebiet zwischen Bilbo und Santander, Surfer und Wellenreiter an die Ría de Cedeira nördlich von Ferrol und zu den Buchten von San Vicente de la Barquera und Santander.

Nordspaniens Strände gelten als weniger sonnensicher als die Playas am Mittelmeer, im Sommer bilden sie aber – schön gelegen und weniger überlaufen – durchaus eine Alternative. Lanzada in Galicien und El Sardinero in Santander sind nur zwei von Dutzenden Stränden, die sich durch gute Wasserqualität auszeichnen (s. S. 10). Am wärmsten wird das Wasser an den flachen Rías Baixas südlich von Noia.

Kanufreunde haben eine große Auswahl unter den asturischen und galicischen Flüssen. In Cangas de Onís sind mehrere Anbieter von eintägigen Kanutouren auf dem Sella ansässig.

i **Real Federación Española de Piragüismo,** Antracita 7, 28045 Madrid, Tel. 915 06 43 00, Fax 915 06 43 04, www.rfep.es. Dachverband der Kanufahrer.

Unterkunft

Bis auf wenige Touristenzentren wie das kantabrische Laredo ist Nordspanien von Hotelklötzen bislang verschont geblieben. Obgleich sich die Besucherzahlen in Grenzen halten, hat man vom Campingplatz bis zur Luxusherberge eine ganze Palette an Unterkünften zur Auswahl. Bei den Fremdenverkehrsämtern bekommt man auf Anfrage ein jährlich aktualisiertes Verzeichnis von Hotels und Appartements (mit Preisangaben).

Hotels

Hotels (H) sind offiziell von einfach (*) bis luxuriös (*****) in fünf Kategorien gegliedert; Lage und Ambiente sind dabei allerdings nicht berücksichtigt. Hostales (Hs) sind einfacher ausgestattet als Hotels. Steht an einem Hotel oder Hostal der Zusatz *residencia,* dann besitzt die Unterkunft keinen Speisesaal für Mittag- oder Abendessen. Unter Pensión, Fonda und Hospedaje sind sehr einfache Bleiben zu verstehen, die gerne für längere Aufenthalte genutzt werden. Besonders die einfachen Herbergen mit Bad im Flur sollte man sich unbedingt vorher ansehen.

Selbst Hotels gehobener Kategorie reduzieren Sept.–Juni ihre Preise bis um die Hälfte (ausgenommen Weihnachts- und Osterferien, bedeutende Kongresse und Feste). In Donostia und Santiago de Compostela muss man Unterkünfte für Juli/August unbedingt vorher buchen. Besonders während der Stadtfeste findet man vor Ort kaum noch eine Bleibe. Wer telefonisch buchen will, sollte über Spanischkenntnisse verfügen.

Das Hospital von San Marcos, León, wurde in ein Parador-Hotel umgewandelt

⭐ Stilvolle Landhäuser und charmante Unterkünfte in Städten, findet man unter **www.rusticae.es.**

Paradores

Diese exklusiven Hotels mit gehobenem Komfort (überwiegend Vier-Sterne-Häuser) sind häufig in historischen Gebäuden wie Schlössern, Burgen oder Klöstern untergebracht, neuere Bauten zeichnen sich zumindest durch eine bevorzugte Lage aus. In den zugehörigen Restaurants werden regionale Spezialitäten serviert. Infos:

ℹ️ **IHR Ibero Hotelreservierung,** Immermannstr. 23, D-40210 Düsseldorf, Tel. 02 11/8 64 15 20, Fax 8 64 15 29, www.paradores.de

Casas rurales

Wer Urlaub in einem traditionellen Landhaus machen möchte, findet in Nordspanien ein breites Angebot vor. Die Logis ist günstiger als in Hotels, die Häuser sind zumeist schön gelegen und recht komfortabel (Broschüren bei den Tourismusämtern).

ℹ️ Auf die Vermittlung von Landhausunterkünften hat sich **Terraviva Reisen** spezialisiert: Scheffelstr. 4 A, 76275 Ettlingen, Tel. 0 72 43/3 06 50, www.terraviva.de.

Campingplätze

Hauptsächlich an der Küste und in der Umgebung großer Städte, aber auch am Jakobsweg und in den Gebirgsregionen der Picos de Europa findet man Campingplätze. Die meisten sind nur während der Saison von Juni bis Ende September geöffnet, ein Verzeichnis der Campingplätze gibt es kostenlos beim Spanischen Fremdenverkehrsamt (S. 100 f.).

Jugendherbergen

Jugendherbergen *(albergues juveniles)* sind in Nordspanien relativ spärlich vertreten. Zudem haben etliche nur in der Hauptsaison geöffnet.

ℹ️ **Deutsches Jugendherbergswerk,** Bismarckstr. 8, 32756 Detmold, Tel. 0 52 31/7 40 10, www.jugendherberge.de

Reisewege und Verkehrsmittel

Anreise

Mit dem Auto

Aus Norddeutschland reist man über Paris, Tours, Bordeaux und Biarritz an, aus Süddeutschland, der Schweiz und Österreich über Lyon, Montpellier, Toulouse und Biarritz. Autobahnen in Frankreich und Spanien sind gebührenpflichtig, spanische Schnellstraßen *(autovías)* nicht.

Mit dem Flugzeug

Nordspanien wird von diversen Billigfliegern bedient – vor allem Bilbao, das u. a. von Tuifly (www.tuifly.com; Sommer direkt ab Köln-Bonn) und Air Berlin (www.airberlin.com; ganzjährig ab vielen deutschen Flughäfen via Mallorca) angeflogen wird. Lufthansa startet ab Frankfurt/M., ihr Partner Spanair hat seit 2008 tägliche Direktflüge von München nach Bilbao im Sommerflugplan (www.spanair.de).

Internationale (Billig-)Flugverbindungen gibt es zudem nach Santiago de Compostela und Santander, z. B. direkt mit Ryanair (www.ryanair.com; ab Frankfurt-Hahn), sowie nach Oviedo. Kleinere Flughäfen wie Pamplona oder Vitoria/Gasteiz werden nur von Barcelona bzw. Madrid angeflogen.

Mit Bahn und Bus

Zur Atlantikküste fahren Züge über Paris (Bahnhofwechsel) und Hendaye/Irún. Relativ teure Autoreisezüge verkehren im Sommer bis Narbonne (www.dbautozug.de).

Für die Anreise mit dem Bus braucht man Sitzfleisch und bezahlt in der Regel deutlich mehr als bei den Billigfliegern (www.touring.de).

Reisen im Land

Mit dem Auto

Mietwagen können bei internationalen und nationalen Verleihfirmen an Flughäfen und in größeren Städten gegen Vorlage von Führerschein und Kreditkarte geliehen werden. Eine Buchung vorab ist dringend anzuraten.

Geschwindigkeitsbegrenzungen: Autobahn 120, Schnellstraße 100, Landstraße 90, geschlossene Ortschaft 50 km/h. Promillegrenze: 0,5, bei Führerscheinbesitz unter 2 Jahren 0,3. Das Mitführen einer reflektierenden Warnweste und von zwei Warndreiecken sind in Spanien Pflicht.

In den großen Städten wird die Suche nach einem Parkplatz zum Problem. Im Zentrum gibt es Parkscheinautomaten; auch die Parkhäuser sind teuer. Wer an gelb markierten Bordsteinen parkt, riskiert, abgeschleppt zu werden. Blaue Markierungen bedeuten: Ticket am Automaten ziehen.

Bus und Bahn

Beide Verkehrsmittel sind zeitaufwändig; Busse sind meist preiswerter und verkehren häufiger. Für 100 Bus-km muss man etwa 8 € einkalkulieren. Städte besitzen meist einen zentralen Busbahnhof *(estación de autobuses)*, Fahrpläne sind dort zu erfragen oder stehen in der lokalen Tagespresse.

Neben der Staatsbahn RENFE (www.renfe.es) existiert die private Schmalspurbahn FEVE (www.feve.es). Letztere bietet eine Nostalgiefahrt mit dem **Transcántabrico** an, der zwischen León und Santiago de Compostela acht Tage lang zu den schönsten Ausflugszielen fährt. Dies bezieht auch die Küstengegenden mit ein. Das rollende Hotel verkehrt in der Regel Mitte März–Ende Okt. (Preise: Einzelsuite 3500 €, Doppelsuite 5000 €; Info: www.transcantabrico.feve.es).

**Donostia/ San Sebastián

Belle Époque auf Baskisch

Wenn Liebe durch den Magen geht, dann werden Sie sich wahrscheinlich in Donostia/San Sebastián verlieben. Die Kreationen der Starköche, aber auch der schönste Stadtstrand auf der Iberischen Halbinsel, genannt La Concha (»Die Muschel«), sind ein wahrer Genuss. Wer nach dem Essen abends die beleuchtete Strandpromenade entlangspaziert, sieht weiße Eisenlaternen, weiße Strandgitter, ja sogar weiße Mülltüten. Einige architektonische Zeugnisse aus Donostias Belle Époque mit ihrer noblen mondänen Lebensart sind erhalten geblieben. Sie lassen Bilder aufleben von den Strandanzügen der 1920er-Jahre, von Lebemännern mit Oberlippenbärtchen am Kasinotisch und vornehmen Damen, die durch die Stadt flanieren. Noch heute gibt sich Donostia großzügig, besonders in der Stadtentwicklung. Die Hauptstadt der Provinz Gipuzkoa (180 000 Einw.) ist der Gegenbeweis für die vermeintliche baskische Engstirnigkeit.

Geschichte

Wie der Ursprung der baskischen Sprache ist auch der der Stadt ungeklärt. Erstmals 1014 erhielt der Fischerort eine Stadturkunde und wurde 200 Jahre später von Kastilien wegen seiner strategisch günstigen Lage mit Privilegien bedacht. Das lohnte sich: Die Stadt wehrte 1512 erfolgreich französische Truppen ab und erhielt den Ehrentitel Noble y Leal (»edelmütig und treu«).

Der Stadtpatron schmückt die Fassade der Iglesia de Santa María

Doch Kriege gegen die Franzosen sollten nicht immer so glücklich verlaufen. So brannte Donostia 1813 kurz vor Ende des spanischen Unabhängigkeitskrieges gegen Napoleon fast vollständig nieder. Geblieben sind wenige Kirchen und Gassen um den Straßenzug Calle Mayor. Im 19. Jh. entwickelte sich die Stadt zum nordspanischen Seebad des Adels. Man baute ein Kurbad, es entstanden Kasinos, Bäder und weite Plätze. Auch seither hat sich im Stadtbild manches verändert.

In den 1960er-Jahren formierte sich in Donostia der baskische Widerstand gegen den Zentralismus. Noch heute gilt die Stadt als Hochburg der ETA, die vornehmlich Lokalpolitiker bedroht. Von Plakaten einmal abgesehen, bleiben Besucher davon jedoch weitgehend unbehelligt.

Kursaal ❶

Am östlichen Strand Playa de Zurriola, wo zahlreiche Surfer über die Wellen flitzen, erhebt sich dieser monumentale Kongresspalast. Er trägt eindeutig

Karte
Seite
33

die Handschrift des spanischen Stararchitekten Rafael Moneo – der Volks-
mund nennt den klobigen Bau schlicht
Moneo-Türme. Hier findet im September das internationale Filmfestival
statt (s. S. 35; weitere Veranstaltun-
gen unter www.kursaal.com.es).

*Teatro Victoria Eugenia Antzokia ❷

Das 1912 im Belle-Époque-Stil errich-
tete und inzwischen rundum renovierte Theater bildet einen Kontrast zum
Kursaal und einen wichtigen städti-
schen Kulturpol (Konzerte, Tanzauf-
führungen etc.; Veranstaltungskalen-
der unter www.victoriaeugenia.com;
Kartenverkauf Tel. 943 48 18 18).

Die Altstadt

*Plaza de la Constitución

Vorbei an der einstigen Markthalle
Mercado de la Bretxa (heute Boutiquen, Fast Food) gelangt man zum
Herzstück der Altstadt, der Plaza de la
Constitución. Der bis zur Ungemüt-
lichkeit renovierte und besenrein gepflegte Platz ist ein beliebter Treff-
punkt für Nachtschwärmer. An den
Balkonen der den Platz säumenden
Häuser sind Nummern aufgemalt, weil
man sie einst bei Stierkämpfen in Zu-
schauertribünen umfunktionierte.

Nördlich der Plaza liegt die älteste
Kirche der Stadt, die ***Iglesia de San
Vicente ❸**. Wehrhaft wirkt das Äußere
des im gotischen Stil errichteten Sa-
kralbaus, im Inneren beeinduckt der
geschnitzte Hochaltaraufsatz (Ende
16. Jh.). Wesentlich verspielter zeigt
sich dagegen die ***Iglesia de Santa
María ❹** am Ende der Calle Mayor und
am Fuße des Berges Monte Urgull. Sie
liegt in einer Fluchtlinie mit der ca.

1 km entfernten neugotischen Kathedrale Buen Pastor (1897). Die churri-
guereske Fassade der Iglesia de Santa
María zeigt hoch über dem Portal die
Statue des von Pfeilen durchbohrten
Stadtpatrons San Sebastián. Im Inneren ist ein Flügelaltar mit Gemälden
von Robert Michel sehenswert.

Auf der **Plaza Trinitate ❺** mit historischer Kulisse wird wochentags
gegen 19 Uhr gelegentlich das baskische Ballspiel Pelota (s. S. 16) ausge-
tragen. Dabei schlagen vier weiß ge-
kleidete Spieler den Ball mit der
bloßen Hand gegen die Wand.

**Museo de San Telmo ❻

Das im Stil der italienischen Renaissance erbaute Dominikanerkloster
San Telmo gleich daneben beherbergt
das Museo de San Telmo. Der Eingang
zum Museum befindet sich an der
Plaza de Zuloaga, benannt nach dem
baskischen Maler Ignacio Zuloaga
(1870–1945), der dem symbolisti-
schen Jugendstil zugerechnet wird.
Der **Kreuzgang** birgt hochinteressante
Steinscheiben und Grabkreuze aus
dem 15.–17. Jh. Die Gemäldegalerie
präsentiert sowohl berühmte Meister
wie auch einen Querschnitt der modernen baskischen Malerei.

Das **Museum** besitzt eine interessante archäologische und volkskund-
liche Abteilung, die ein Stück baski-
scher Kultur- und Alltagsgeschichte
vermitteln – nach Renovierung in neu
gestalteten Räumlichkeiten (bei Redaktionsschluss bis auf Weiteres
wegen Umbau geschlossen; aktuelle
Infos: www.museosantelmo.com).

*Monte Urgull ❼

Von der Plaza de Zuloaga aus geht
einer von mehreren schweißtreibenden
Fußwegen hinauf zum Monte Urgull.

Auf dem 139 m hohen Hausberg von San Sebastián ist nicht nur der Rest der Festung **Castillo de Santa Cruz de la Mota** und eine riesige weiße Christusstatue (1950) zu sehen, sondern von dort genießt man auch einen herrlichen Blick auf das Stadtzentrum. Unterwegs kommt man an schattigen Anlagen vorbei, die zu einer kurzen Verschnaufpause einladen.

*Aquarium ❽

Wer den Berg umrundet, gelangt über den 1919 angelegten Paseo Nuevo zum Aquarium, in dem man von einem 32 m langen Glastunnel aus Rochen und Haien ins Auge blicken kann (Pl. Carlos Blasco de Imaz, Mo–Fr 10 bis 19 Uhr, Sa/So 10–20 Uhr, im Sommer tgl. bis 21 Uhr; www.aquariumss.com; Eintrittspreise: Erw. 10 €, Kinder 6 €).

Die **Concha

Der Weg führt nun vom Hafen aus die Strandpromenade **Paseo de la Concha ❾** entlang, vorbei an Belle Époque-Gebäuden (wie Rathaus und Nobelhotel Londres), Cafés und einem Wellnessclub. Man hat einen schönen Blick auf die vorgelagerte Insel **Santa Clara,** die im Sommer vom Sporthafen aus per Boot besucht werden kann.

Karte Seite 33

❶ Kursaal
❷ Teatro Victoria Eugenia Antzokia
❸ Iglesia de San Vicente
❹ Iglesia de Santa María
❺ Plaza Trinitate
❻ Museo de San Telmo
❼ Monte Urgull
❽ Aquarium
❾ Paseo de la Concha
❿ Palacio Miramar
⓫ Monte Igueldo

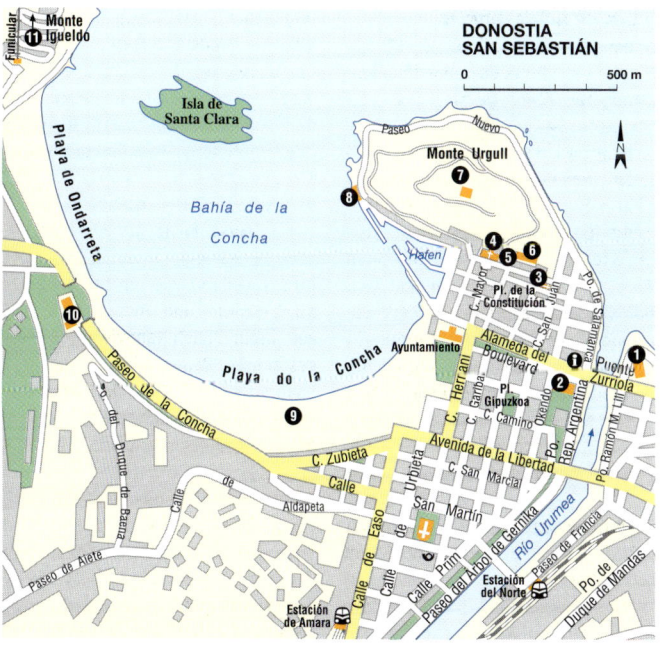

Karte
Seite
33

Der Paseo de la Concha säumt die halbe Bucht von San Sebastián

Auf einem Felsvorsprung zwischen Playa de la Concha und Playa de Ondarreta liegt der ***Palacio Miramar ⑩**. Der englische Architekt Selden Wornum ließ den Palast und die frei zugängliche Parkanlage für Königin María Cristina 1893 fertig stellen. Heute gehört er der Stadt, die in den Räumen Kulturveranstaltungen sowie **Sommerkurse** für Sprache und Kultur organisiert (Infos: Fundación Cursos de Verano, Paseo de Miraconcha 48, Tel. 943 21 95 11, Fax 943 21 95 98, www.sc.ehu.es/cursosverano).

*Monte Igueldo ⑪

Etwas westlich des Palacio Miramar fährt bei den Tennisplätzen am Ondarreta-Strand der **Funicular,** eine Standseilbahn aus dem Jahr 1912, ab auf den Hausberg Monte Igueldo (Sommer tgl. 10–22, Herbst/Frühjahr 11–20, Winter 11–18 Uhr; Nov.–März an wechselnden Tagen). Von der Bergspitze mit Hotel, kleinem Vergnügungspark und altem Wachturm eröffnet sich ein herrlicher Blicke auf die Stadtbucht.

 Einen spielerischen Zugang zu den Naturwissenschaften und Einblicke ins Universum vermittelt das interaktive Museum **Kutxaespacio de la Ciencia** im Technologiepark Miramón im Süden der Stadt (Mikeletegi 43, Di–Fr 10–19, Sa/So 11–19, Sommer bis 20 Uhr; www.miramon.org; Eintritt Planetarium kostet extra).

Infos

Oficina de Turismo: Reina Regente 3, Tel. 943 48 11 66, Fax 943 48 11 72, www.donostia.org

Flughafen: 20 km östlich bei Hondarribia, Tel. 943 66 85 00; Inlandsflüge, u. a. Madrid und Barcelona.
Bahnverbindungen: U. a. nach Pamplona und Gasteiz/Vitoria; Tel. 902 24 02 02. Kurzstreckenzug Euskotren ab der Estación Amara nach Hendaye, Tel. 902 54 32 10, www.euskotren.es.
Linienbusse: Ab Plaza de Pío XII, u. a. nach Pamplona und Bilbao.
Fährverbindungen: Zur Insel Santa Clara (nur im Sommer, Ausflugsboote)
Parkplätze: Blau markierte Plätze im Zentrum mit Parkschein, Parkhäuser überteuert, evtl. Gepäck abladen und außerhalb auf Lückensuche gehen.

Londres y de Inglaterra, Zubieta 2, Tel. 943 44 07 70, Fax 943 44 04 91, www.hlondres.com. Luxushotel mit Blick auf die Concha-Bucht, Kasino. ○○○

▌ **Niza,** Zubieta 56, Tel. 943 42 66 63, Fax 943 44 12 51, www.hotelniza.com. Malerisch an der Concha-Bucht gelegen, stilvoll-nostalgisch eingerichtet. Mit Parkmöglichkeit. ○○–○○

▌ **Parma,** Paseo de Salamanca 10, Tel. 943 42 88 93, Fax 943 42 40 82; www.hotelparma.com. Angenehmes 2-Sterne-Hotel am westlichen Rand der Altstadt, Zimmer mit Fenster zum Hof (»interior«) billiger. ○○

▌ **Easo,** San Bartolomé 24, 1°, Tel. 943 45 39 12, Fax 943 45 39 71, www.pensioneaso.com. Preiswerte Pension bei der Concha-Bucht. Günstigste Zimmer mit Gemeinschaftsbad, etwas höherpreisige mit eigenem. ○

Arzak, Avenida Alcalde José Elosegui 273, Tel. 943 27 84 65, www.arzak.info. An der Spitze der Nouvelle Cuisine im Baskenland; Besitzer ist Starkoch Arzak. Wer hier tafelt, kommt nicht unter einer dreistelligen Summe weg. So/Mo, zweite Junihälfte und Nov. geschl. ○○○

▌ **Casa Nicolasa,** Aldamar 4, Tel. 943 42 17 62. In dem traditionellen Spitzenrestaurant gibt es mit Tintenfisch gefüllte Paprikaschoten oder Seeteufelcrêpes. So geschl. ○○○

▌ **Casa Tiburcio,** Fermín Calbetón 40, Tel. 943 42 31 30. Der Fisch ist frisch, das Ambiente stimmt. Empfehlung: Seehecht, dazu passt der Weißwein *txakolí*. Mi abend, Do sowie Mitte Okt.–Mitte Nov. geschl. ○○

▌ **La Mejillonera,** Puerto 15, Tel. 943 42 84 65. Am Hafen, steht ganz im kulinarischen Zeichen von Miesmuscheln *(mejillones)*. ○

Besonders angesagt sind die Diskotheken **Bataplan** (Paseo de la Concha s/n) und **La Kabutzia** (Paseo del Muelle) sowie der Disko-Pub **Hollywood** (Blas de Lezo 3).

Mercado de la Bretxa, an der Alameda del Boulevard (Boutiquen). Eine ausgedehnte Shoppingzone liegt zwischen den Plätzen Gipuzkoa und Buen Pastor.

Internationales Filmfestival

Wenn Al Pacino, Richard Gere oder Demi Moore durch Donostia flanieren, kann das nur einen Grund haben: das Festival Internacional de Cine. Seit über einem halben Jahrhundert treffen sich hier die Leinwandstars und ihre Regisseure zur Präsentation ihrer Werke.

Die Stadt erträgt während des jährlich im September inszenierten Festivals bis zu 200 000 Schaulustige. Und weil die nicht alle ins Kursaal-Palais passen, werden die Filme (preiswerter) auch in den Lichtspielhäusern gezeigt. Wer Stars aus Europa und Übersee sehen will, besorgt sich ein Abonnement oder Einzelkarten, entweder online oder z.B. an den Kassenschaltern am Centro Kursaal.

Information: Festival Internacional de Cine de San Sebastián, Apartado de Correos 397, 20080 Donostia/San Sebastián, Tel. 943 48 12 12, Fax 943 48 12 18, www.sansebastianfestival.com.

Ausflüge

Hernani

Ausschließlich dem berühmten Metallbildhauer Eduardo Chillida (1924 bis 2002) ist das **Museo Chillida-Leku** in Hernani, rund 10 km südlich, gewidmet. Es umfasst ein Landhaus mit Grünanlagen; zahlreiche Skulpturen sind im Freien ausgestellt (Mi–Mo 10.30–15, Sommer Mo–Sa bis 20 Uhr; www.eduardo-chillida.com).

*Hondarribia

Weniger mondän als in Donostia geht es in Hondarribia/Fuenterrabía (20 km östlich, 15 000 Einw.) zu. Ein Bummel entlang der Stadtmauer führt durch die verwinkelten Altstadtgassen zur hoch gelegenen Plaza de Armas mit bunten Wohnhäusern und der wuchtigen Burg **Castillo de Carlos V.**

 Oficina de Turismo,
Javier Ugarte 6,
Tel. 943 64 54 58, Fax 943 64 54 66, www.bidasoaturismo.com

 Parador de Hondarribia,
Pl. de Armas 14,
Tel. 943 64 55 00, Fax 943 64 21 53; www.parador.es. Nobles Ambiente in einer Burg (10. Jh.) mit Blick auf die Bidasoa-Mündung. ○○○

Zarautz

Das Seebad (21 000 Einw.) mit Ferienwohnungen, Diskos und weitem Sandstrand liegt 15 km westlich von Donostia. In der Umgebung wird der beliebte Weißwein *txakolí* angebaut.

*Getaria

Wenige Kilometer weiter westlich gelangt man zum wesentlich ruhigeren, typisch baskischen Fischerort Getaria (3000 Einw.) mit der gotischen **Kirche San Salvador** auf einer Landzunge. Es gibt Wassersportmöglichkeiten, einen herrlichen Strand und gute Fischrestaurants.

Talai-Pe, Puerto Viejo de Getaria s/n, Tel. 943 14 06 52, www.talaipe.com. Das Restaurant am Hafen ist auf Meeresfrüchte spezialisiert. Suchtgefahr! ○○○

Zumaia

Einen schmucken Stadtkern mit einigen Herrenhäusern und der festungsartigen Kirche San Pedro hat Zumaia (9000 Einw.) an der Mündung des Urola, 6 km von Getaria entfernt. Bekannt ist der Küstenort besonders für das **Museo Zuloaga**. Zu sehen sind neben Bildern des Basken Ignacio Zuloaga (1870–1945), der Grenszenen mit Musikanten, Bettlern und Zigeunern sowie Porträts nobler Herrschaften malte, auch Werke von El Greco, Zurbarán und Goya (an der Straße nach Getaria, unregelmäßig geöffnet, Sommer meist nur Mi–So 16–20 Uhr; Info/Reservierung: Tel. 943 86 23 41, www.ignaciozuloaga.com).

Tapas-Bars

Donostia gilt als die Hauptstadt der Tapas (baskisch: *pintxos),* die Vereinigung der Barbetreiber richtet sogar Wettbewerbe um die besten Häppchen aus. In der Siegerliste findet man z. B. zwei Kneipen im Stadtteil Gros (hinter dem Zurriola-Strand): **Aloña Berri** (Calle Bermingham 24) und **El Patio de Ramuntxo** (Calle Peña y Goñi 10). In der Altstadt bietet sich eine gute Auswahl an Tapas-Kneipen in den Gassen um die Plaza de la Constitución. Eine beliebte Adresse ist die Bar **Txepetxa** (Calle Pescadería 5).

Bilbo/Bilbao

Museumsboom am Nervión

Der Hauptstadt der baskischen Provinz Bizkaia (380 000 Einw., Großraum rund 1 Mio. Einw.) haftete lange das Image einer Industriestadt mit dem größten Handelshafen Spaniens und hoher Luft- und Wasserverschmutzung an. Inzwischen hat Bilbo viel in die Umweltsanierung und in seine Modernisierung investiert. International prominente Architekten wie Foster, Gehry, Calatrava, Isozaki und Pelli wurden dafür verpflichtet. Eine Metro wurde gebaut; das wie ein futuristisches Schiff anmutende Guggenheim-Museum zieht die internationale Kunstszene an, Einkaufszentren und Kongresshallen sind entstanden. Bilbo zeigt sich als alte Stadt mit neuem Gesicht – wobei längst (noch) nicht alles eine Augenweide ist.

Geschichte

Bilbo ging aus einer Fischersiedlung hervor und wurde im Jahr 1300 von Diego López de Haro gegründet. Der Hafen drückte der Stadt im Mündungsgebiet des Río Nervión seinen Stempel auf. Durch Seehandel, Werften und Eisenhütten gelangte Bilbo zu Wohlstand, die industrielle Revolution lockte viele Neusiedler an. Mit dem 1997 eingeweihten Guggenheim-Museum wurde ein riesiger Coup gelandet, der die baskische Metropole europaweit in die erste Riege der Kunstmuseen katapultiert hat. Neben einigen weiteren Museen machen die Oper im Palacio Euskalduna und das Symphonieorchester Bilbo zu einem kulturellen Zentrum des Baskenlands.

Das Rathaus von Bilbo/Bilbao

 ***Guggenheim-Museum ❶

Architekturkritiker haben von einer »Choreographie der Volumen« und vom bedeutendsten Bauwerk des 20. Jhs. geschwärmt. Der von Titanplatten überzogene, zerklüftete Museumsbau wirkt wie ein gestrandetes Raumschiff oder wie eine Blüte aus Metall. Diese Bauplastik der Extraklasse stammt aus der Feder des kanadischen Stararchitekten Frank O. Gehry. Allerdings glänzt die Verpackung mitunter mehr als der Inhalt, ragen die wechselnden Ausstellungen mit Schwerpunkt Kunst Mitte 20.–21. Jh. in den 19 Sälen auf drei Ebenen nicht so sehr heraus wie der futuristische Bau. Das Museum liegt auf einem 4,2 ha großen Gelände zwischen Río Nervión und Avenida Abandoibarra (Ⓜ Moyúa, Di–So 10 bis 20 Uhr, Juli/Aug. tgl.; www.guggenheim-bilbao.es; Eintritt 12,50 €).

In der Altstadt

Breite Flusspromenaden leiten vom Guggenheim-Museum Richtung Altstadt, vorbei an Santiago Calatravas **Zubizuri-Brücke ❷**, die sich mit elegantem Schwung und gläsernem

Karte Seite 40

Boden über den Nervión zieht, und am **Rathaus ❸** mit Freitreppe. Hinter dem Ende des 19. Jhs. erbauten **Teatro Arriaga ❹** geht es ins Herzstück des historischen Viertels mit der **Catedral de Santiago ❺** und den gemütlichen **Siete Calles** (»Sieben Straßen«) **❻**.

Attraktiv ist das **Museo Vasco ❼** in einem ehemaligen Jesuitenkloster nahe der Plaza Miguel Unamuno mit einer Ausstellung zur baskischen Kultur (Di–Sa 11–17, So 11–14 Uhr).

Weitere Highlights

Am Rande des **Parque de Doña Casilda de Iturrizar ❽** liegt das **Museo de Bellas Artes ❾**; die Gemäldegalerie bietet erstklassige spanische Meister (Di–Sa 10–20, So 10–14 Uhr). An der Muelle Ramón de la Sota vermittelt das **Museo Marítimo Ría de Bilbao ❿** die mit Meer und Fluss eng verbundene Stadtentwicklung (Di–So 10–21 Uhr; www.museobilbao.com).

Die ****Puente Colgante de Vizcaya,** eine Schwebefähren-Brücke aus der Hand des baskischen Eiffel-Schülers Alberto Palacios und UNESCO-Weltkulturerbe, führt von Las Arenas über den Río Nervión nach Portugalete. In 50 m Höhe quert noch ein vergitterter Fußgänger-Panoramasteg *(pasarela;* April–Okt. tgl. 10–21, sonst bis 20.30 Uhr; www.puente-colgante.com).

Bilbao Iniciativas Turísticas, Plaza del Ensanche 11, Tel. 944 79 57 60, Fax 944 79 57 61, www.bilbao.net

Flughafen: Aeropuerto Internacional de Bilbao-Loiu, ca. 10 km nördlich,

Vor dem Guggenheim-Museum wacht ein Blütenhund von Jeff Koons

Tel. 944 71 03 01. Günstige Linienbusanbindung ans Zentrum.
Bahnhof: Estación de Abando, Plaza Circular 2, Tel. 902 24 02 02; u. a. nach Logroño, A Coruña.
Busbahnhof: Termibús, Calle Gurtubay 1, Tel. 944 39 52 05; u. a. nach Logroño, Pamplona und Vitoria.

Ercilla, Ercilla 37–39, Tel. 944 70 57 00, Fax 944 43 93 35, www.hotelercilla.es. Stilvolles, zentral gelegenes Mammuthotel mit modernen, komplett ausgestatteten Zimmern und Restaurant. ❍❍❍
❚ **Petit Palace Arana,** Bidebarrieta 2, Tel. 944 15 64 11, Fax 944 16 12 05, www.hthotels.com. Freundliches 3-Sterne-Stadthotel mit historischem Flair (Anf. 20. Jh.). Nahe Teatro Arriaga; gute Online-Angebote. ❍❍

Yandiola, Campo de Volantín 15, Tel. 944 13 40 13. Moderne baskische Küche für Feinschmecker, aufmerksamer Service. So Ruhetag. ❍❍❍
❚ **Café Iruña,** Jardines de Albia, Tel. 944 23 70 21. Schönstes Kaffeehaus der Stadt, auch warme Gerichte. ❍

Gelegentlich Livemusik im **Beer House** (Avenida de Madariaga 2) und im **Cotton Club** (Gregorio de la Revilla 25).

Ausflüge

Bermeo

Das nette Küstenstädtchen (18 000 Einw.) liegt 33 km nordöstlich von Bilbao. In der Umgebung des Hafenviertels befinden sich viele Strände, u. a. die mit der blauen Umweltflagge ausgezeichnete **Playa Aritxatxu.**

Ein lohnender Abstecher (8 km) führt zu einem der schönsten Flecken

Karte Seite 40

Karte
Seite
40

an der baskischen Küste: die ***Ermita San Juan de Gaztelugatxe** liegt zauberhaft auf einer kleinen Felseninsel. Hinauf führt eine lange, steile Treppe.

*Gasteiz/Vitoria

Hauptstadt des Baskenlandes (240 000 Einw.), rund 65 km südöstlich von Bilbao. Der Stadtkern ist von urigen Gassen und netten Einkaufsstraßen durchsetzt, auf der Plaza de la Virgen Blanca startet Anfang August das große Stadtfest. Wehrhaft wirkt die hoch gelegene ***Kathedrale Santa María** (14./15. Jh.), deren dreiteiliges Hauptportal Beachtung verdient. Nördlich der Kathedrale befinden sich einige alte Handelshäuser, die teilweise auf das 15. Jh. zurückgehen.

Regionale Kunst der Gegenwart, auch in Wechselausstellungen, präsentiert das **Artium,** das baskische Museum für Zeitgenössische Kunst (Francia 24; Di–So 11–20 Uhr, Fr/Sa 11–20.30 Uhr; www.artium.org).

Gernika/Guernica

Die »heilige Stadt« der Basken (16 000 Einw.) liegt rund 30 km östlich von Bilbao. Gernika war im Mittelalter Sitz des Ältestenrates, der regionale Sonderrechte *(fueros)* besaß. Der Stumpf jener Eiche (Gernikako Arbola), unter der der Rat traditionsgemäß zusammentrat, ist im Hof des Landtags ***Casa de Juntas** zu bewundern (Besuche in der sitzungsfreien Zeit möglich). Während des Spanischen

❶ Guggenheim-Museum
❷ Zubizuri-Brücke
❸ Rathaus
❹ Teatro Arriaga
❺ Catedral de Santiago
❻ Siete Calles
❼ Museo Vasco
❽ Parque de Doña Casilda de Iturrizar
❾ Museo de Bellas Artes
❿ Museo Marítimo Ría de Bilbao

Im Hinterland der Küste verbergen sich idyllische Dörfer

Bürgerkrieges legten deutsche Bomber der Legion Condor – in Absprache mit Franco – am 26. April 1937 die Stadt in Schutt und Asche.

Haro

In prächtigem Weinanbaugebiet gelegenes Städtchen (12 000 Einw.), rund 90 km südlich von Bilbao. Hier findet man eine nette Altstadt und viele Bodegas, von denen manche besichtigt werden können.

i **Oficina de Turismo,** Plaza Monseñor Florentino Rodríguez, Tel. 941 30 33 36, www.haro.org. Infos über Bodegabesuche.

*Santuario de Loyola

Knapp 70 km östlich von Bilbao erreicht man das Santuario de Loyola. Die Wallfahrtsstätte steht im Zeichen des hl. Ignatius von Loyola (1491 bis 1556), des Gründers des Jesuitenordens. Zu besichtigen ist die **Casa Santa,** das Geburtshaus des Heiligen. Die barocke Klosterkirche mit ihrer 56 m hohen Kuppel ist ein prunkvolles churrigiguereskes Kunstwerk des Tessiner Architekten Carlo Fontana (1634 bis 1714).

*Pamplona

Karte Seite 43

Fiestastadt am Jakobsweg

Die Hauptstadt der Autonomen Region Navarra zählt samt Vororten rund 200 000 Einwohner; auf Baskisch wird sie Iruñea oder Iruña genannt. Pamplona liegt auf einem 450 m hohen Plateau über dem Río Arga und sticht als wichtige Station auf dem Jakobsweg hervor.

Geschichte

Pamplona wurde bereits um das Jahr 75 v. Chr. vom römischen General Pompejus gegründet. Die gefährliche Lage zwischen dem Frankenreich und den maurischen Emiraten ließ die Einwohnerzahl vorübergehend erheblich sinken, bis sich die Stadt mit dem mittelalterlichen Boom des Jakobsweges wieder regenerierte. Heute sorgt der Camino de Santiago erneut für touristische Zugkraft – ebenso wie die Fiesta de San Fermín (Sanfermínes).

Sanfermínes

Die Fiesta de San Fermín steigt alljährlich vom 6. bis 14. Juli. Dann herrscht in Pamplona Ausnahmezustand und die Preise explodieren. Teil der Fiesta ist der *encierro*. Dabei werden jeden Morgen Kampfstiere durch die Altstadtgassen getrieben – und Amateurtreiber aus dem In- und Ausland laufen mit, was bisweilen mit bösen Verletzungen endet. Ziel ist die Plaza de Toros, mit fast 20 000 Plätzen eine der größten Arenen Spaniens.

Karte Seite 43

Um die *Plaza del Castillo ❶

Die weit ausladende **Plaza del Castillo** mit ihren Platanen, Straßencafés und Hausfassaden aus dem 19. Jh. markiert das Herz der Altstadt.

Im **Café Iruña ❷** nimmt man die Spur von Literatur-Nobelpreisträger Ernest Hemingway auf, der während seiner Pamplona-Besuche hier gerne die Zeit verbrachte. Hemingway hatten es die Sanfermines angetan, die er mit seinem Roman »Fiesta« von 1926 weltberühmt machte (Plaza del Castillo 44, www.cafeiruna.com).

An den Platz schließt sich der lang gezogene **Paseo de Sarasate** an, eine Flanierpromenade, die den Namen des Geigenvirtuosen Pablo de Sarasate (1844–1908) trägt. Zu Beginn des Paseo erhebt sich das 1903 vollendete **Monumento a los Fueros ❸**, ein gegen Madrid gerichtetes Denkmal, das an die alten Sonderrechte Navarras erinnert. Älteren Datums ist die **Iglesia de San Nicolás ❹**, eine Kirche aus dem frühen 13. Jh., die ihre wehrhafte Fassade zum Paseo hin wendet.

Nördlich der Plaza del Castillo

Durch die geschäftigen Gassen Chapitela und Calceteros spaziert man zum **Ayuntamiento ❺**, Pamplonas barockem Rathaus. In seiner Nähe erhebt sich die **Iglesia de San Saturnino ❻**; die nach dem ersten Bischof Pamplonas benannte älteste Kirche der Stadt wurde mehrmals zerstört und schließlich gotisch wieder aufgebaut (13. Jh.).

Hinter dem Rathaus geht es hinab zum **Mercado ❼**, der Markthalle, in der man frisches Obst, Gemüse und viele andere Produkte aus dem Umland bekommt. Folgt man ein Stück der Straße Santo Domingo, ist gleich an den Stadtmauern das ****Museo de Navarra ❽** erreicht. In dem ehemaligen Spital sind archäologische Funde ausgestellt, darunter römische Skulpturen und Mosaike, ein um 1004 aus Elfenbein geschnitztes Schmuckkästchen sowie kostbare Gemälde, darunter das *Porträt des Marqués de San Adrián von Goya (Di–Sa 9.30–14, 17 bis 19 Uhr, So/Fei 11–14 Uhr).

Kathedrale ❾

Über die Calle de la Curia erreicht man die Kathedrale. Die langweilige Fassade (1783), ein Werk des klassizistischen Architekten Rodríguez Ventura, lässt nicht vermuten, dass sich dahinter ein angenehm schlichter, typisch navarresischer Bau verbirgt, der im 15. Jh. an Stelle der 1390 eingestürzten romanischen Vorgängerin errichtet wurde. Der Bauherr, Carlos III el Noble, und seine Gemahlin Leonor de Trastámara ließen ihr Alabastergrabmal, zu dem 28 Trauernde gehören, von Janin Lomme aus Tournai fertigen.

Besonders sehenswert sind der gotische Kreuzgang mit kunstreich gefertigten Maßwerkfenstern und das *Diözesanmuseum, in dem sakrale Kostbarkeiten angehäuft wurden. Schon die Räumlichkeiten des Museums, ein ehemaliges Refektorium und die gewaltige Klosterküche mit dem 27 m hohen Rauchabzug sind einen Besuch wert (Eingang Calle Dormitalería; Mo–Fr 10–14, 16–19 Uhr, Sa 10–14 Uhr, Sommer Mo–Fr 10–19, Sa 10–14.30 Uhr).

Über die Plaza de San José geht man um die Kathedrale herum auf die **Stadtmauern** – eine Idylle mit schönem Blick auf die Berge.

*Taconera-Park ⑩

Der außerhalb der Altstadt gelegene Parque de la Taconera lädt zu einem Spaziergang im Grünen ein. Dort erwarten Sie Reste der Befestigungsmauer, ein Gehege mit Hirschen und Pfauen sowie ein Terrassencafé.

Zitadelle ⑪

La Ciudadela, eine fünfeckige Wehranlage aus dem Jahre 1521, erstreckt sich mit ihrer Grünanlage über eine gewaltige Fläche in der westlichen Kernstadt. Das Areal ist heute unter Spaziergängern und Joggern beliebt, im Innern findet man kleine Kunstausstellungszentren.

ℹ Oficina de Turismo, Eslava 1, Tel. 848 42 04 20, Fax 848 42 46 30, www.turismo.navarra.es

Flughafen: Der **Aeropuerto de Pamplona-Noain** liegt 7 km südlich, Tel. 948 16 87 00; tgl. Inlandsflüge nach Barcelona und Madrid.
Bahnhof: Avda. San Jorge s/n, Tel. 902 24 02 02; tgl. Züge nach San Sebastián und Gasteiz/Vitoria.
Busbahnhof: C. Yanguas y Miranda 2, Tel. 948 21 70 12, www.autobusesde navarra.com; tgl. nach Sangüesa, Jaca, Puente la Reina und Estella.

Karte Seite 43

❶ Plaza del Castillo
❷ Café Iruña
❸ Monumento a los Fueros
❹ Iglesia de San Nicolás
❺ Ayuntamiento
❻ Iglesia de San Saturnino
❼ Mercado
❽ Museo de Navarra
❾ Kathedrale
⑩ Taconera-Park
⑪ Zitadelle

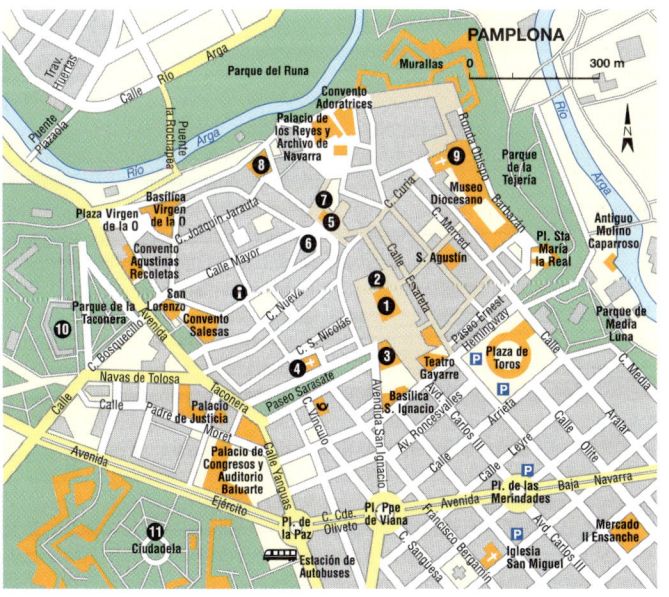

Pamplona im Fiesta-Fieber: Die Sanfermínes ziehen Abenteuer- und Schaulustige an

Tres Reyes, Jardines de la Taconera, Tel. 948 22 66 00, Fax 948 22 29 30, www.hotel3reyes. com. Moderner Komfort in Altstadt- nähe. Hinterer Trakt zum Taconera- Park; Außenpool, Fitnesscenter. ○○○
▌ **Pamplona Plaza,** Marcelo Celayeta 35, Tel. 948 13 60 12, Fax 948 13 62 82, 12, www.hotelpamplona plaza.com. Solides 2-Sterne-Haus mit 38 recht einfachen Zimmern. ○○
▌ **Hostal Abodi,** Travesía de Acella 2, Tel./Fax 948 27 29 75, www.hostalabodi.com. Schnörkello- se, saubere Zimmer mit Bad. ○–○○

Hartza, Juan de Labrit 19, Tel. 948 22 45 68. Eine Top- adresse in Pamplona, spezialisiert auf regionale Küche. So abends und Mo geschl. ○○○
▌ **Don Lluis,** San Nicolás 1, Tel. 948 22 17 31. Im Barbereich reich- liche Häppchenauswahl, im Oberge- schoss (separater Eingang) Mittags- und Abendmenüs mit gutem Preis- Leistungs-Verhältnis. ○–○○
▌ **Entre Tapas y Vinos,** Calle Marqués de Rozalejo 4, Tel. 948 20 77 54. Et- was versteckt am Rande der Altstadt. Werktags gutes Mittagsmenü. ○

In den belebten Altstadtgassen **San Nicolás** und **San Gregorio** reiht sich eine Kneipe an die andere; hier ist Fr/Sa abends der Teufel los.

In der Altstadt hält die **Calle Zapatería** (»Gasse der Schuh- macher«) an zünftigen Traditionen fest. Zwischen Rathausplatz und Plaza de San Francisco reiht sich ein Schuhgeschäft ans nächste.

Ausflug nach **Olite

Über die A 15 oder N 121 erreicht man den 42 km südlich von Pamplona ge- legenen 3000-Seelen-Ort, eine der einstigen Königsresidenzen Navarras. Wahrzeichen sind die gotische Kirche **Santa María la Real** und das **Schloss** mit seinen langen Wehrmauern (Som- mer tgl. 10–20, Nebensaison tgl. 10 bis 18 Uhr; http://guiartenavarra.com).

In einem Teil der Burganlage ist heute der **Parador Príncipe de Viana** untergebracht: Mittelalterliches Ambiente mit 3-Sterne-Komfort. Pl. de los Teobaldos 2, Tel. 948 74 00 00, Fax 948 74 02 01, www.parador.es. ○○○.

Karte Seite 43

*Santander

Der bescheidene Charme Kantabriens

Santander mutet bisweilen wie eine Señora an, die sich am Meer sitzend Luft zufächelt und darüber sinniert, warum ihre östliche Schwester Donostia/San Sebastián so viel attraktiver sein soll. Die ewigen Vergleiche mit dem vermeintlich noch schöneren Kasino, der noch schöneren Bucht, der noch besseren Sommeruniversität, den noch prunkvolleren Palästen Donostias scheinen sie aber letztendlich nicht zu stören. Besuch bekommt sie schließlich häufig, ihre zahlreichen Strände wirken wie ein Magnet, und die Komplimente haben es in sich: Als Vorsitzende Kantabriens sei sie genau die Richtige. Ihr, dem alten Seebad, sagt man einen ungeheuren Sinn für Lebensqualität nach. Dem könne kaum jemand in Spanien, ja auf der Iberischen Halbinsel das Wasser reichen.

Geschichte

In der Nacht vom 15. auf den 16. Februar 1941 wehte ein starker Südwind. Kurz nachdem in einem Straßenzug Feueralarm gemeldet worden war, weitete sich der Brand durch den Wind angefacht blitzartig aus und vernichtete große Teile der Altstadt. Mehr als 20 000 Menschen wurden über Nacht obdachlos. Dies war die zweite Katastrophe innerhalb von 50 Jahren, nachdem 1894 eine illegale Dynamitladung an Bord eines Schiffes große Teile des traditionsreichen Hafens zerstört hatte. Doch die Stadtarchitekten nahmen auch diese Herausforderung an und schufen ein ansehnliches modernes Stadtbild mit weiten Plätzen und höchstens fünfstöckigen Häusern. Historische Bauten gingen bei dem Brand zugrunde, nicht aber die Erinnerung an Santanders große Zeiten.

Bereits die Römer schätzten die Hafenbucht, von wo aus 1248 die Königliche Flotte zur Eroberung des maurischen Sevilla auslief. Vom 16. bis 19. Jh. blühte der Seehandel mit Amerika. Wegen ihrer schönen Strände wuchs die Stadt im 19. Jh. als Seebad zu einer ernsthaften Konkurrentin Donostias heran. Heutzutage ist die knapp 200 000 Einwohner zählende Metropole besonders bei spanischen Gästen beliebt, und die Sommeruniversität Menéndez Pelayo zieht Studenten aus aller Welt an.

Die Altstadt

Kernpunkte der Altstadt sind die **Plaza Porticada** ❶ und der Rathausplatz. Hinter dem Rathaus liegt der **Mercado de la Esperanza** mit der schönsten Markthalle Kantabriens; das Angebot an Meeresfrüchten ist überwältigend.

Westlich davon zeigt das **Museo Municipal de Bellas Artes** (Museum der Schönen Künste) ❷ vorwiegend lokale Künstler wie Casimiro Sainz, Manuel Salces und Agustín Riancho sowie ein Originalporträt (»Fernando VII«) von Francisco Goya (Mo–Fr 10 bis 13, 17.30–21 Uhr, Sa 10.30–13 Uhr).

Nächste Station ist die östlich gelegene *Kathedrale ❸. Sie wurde auf ihrer romanisch-gotischen Vorgängerin **El Cristo errichtet, unter der sich wiederum – durch eine Glasabdeckung sichtbar – Reste römischer Thermen und einer Basilika befinden. El Cristo dient heute als Krypta. In dem niedrigen Gebäude befinden sich Reliquien der Stadtpatrone San Eme-

Karte Seite 47

Karte
Seite
47

Die Kathedrale von Santander

Richtung Halbinsel Magdalena kommt man zum ***Museo Marítimo ❼** mit seiner so großen wie interessanten Sammlung zur Meeresbiologie (tgl. 10–18, Sommer bis 19.30 Uhr; http://museosdecantabria.com). Dahinter beginnen die Stadtstrände Los Peligros, La Magdalena und Biquinis.

*Palacio Real ❽

Die **Península de la Magdalena** ist ein sommerlicher Tummelplatz mit einem kleinen Zoo (freier Zugang), Sportanlagen und nicht zuletzt dem Palacio Real. In der um die Jahrhundertwende (19./20. Jh.) in englischem Stil erbauten Königsresidenz, einem Geschenk der Stadt an König Alfonso XIII, ist heute die renommierte Internationale Sommeruniversität Menéndez Pelayo untergebracht – 1933 gegründet als die erste ihrer Art in Spanien.

terio und San Celedonio. Hier ruht der Schriftsteller und Gelehrte Marcelino Menéndez Pelayo (1856–1912), der wohl berühmteste Sohn Santanders.

Rund um den Hafen

Vorbei an der am **Puerto Chico ❹** liegenden Gartenanlage Jardines de Pereda erreicht man das kleine **Museo Regional de Prehistoria y Arqueología ❺** (Archäologie-Museum) in der Calle Casimiro Sainz 4. Zu sehen ist eine prähistorische Sammlung u. a. mit lokalen Höhlenfunden aus der Cueva El Castillo und El Pendo, römischen Münzen und keltischen Grabstelen (Di–Sa 10–13, 16–19, So 11–14 Uhr).

Über die Calle de Juan de la Cosa geht es vorbei am umstrittensten Bauwerk Santanders: dem futuristischen **Palacio de Festivales de Cantabria ❻** von Francisco Javier Sáenz de Oíza.

Höhepunkt unter den vielen Kulturveranstaltungen im Palacio ist das **Internationale Musik- und Tanzfestival** im August (s. S. 23; www.palaciofestivales.com).

i Auskunft über das Kursangebot im **Secretaría de Alumnos de la UIMP,** Campus de las Llamas, Avenida de los Castros 42, 39005 Santander, Tel. 942 29 87 00, Fax 942 29 87 09, www.uimp.es.

*El Sardinero ❾

Westlich der Halbinsel liegt das Villenviertel El Sardinero hinter dem gleichnamigen herrlichen Strand (wie die Halbinsel Magdalena auch mit dem Bus zu erreichen). Liebevoll sind die Promenaden entlang des Strands mit Blumenbeeten gestaltet; abends ab 18 Uhr flanieren hier die Einheimischen. Das **Gran Casino** im Belle-Époque-Stil, die Diskos, Restaurants und Bars in dem Viertel um die **Plaza de Italia** sind in den Sommermonaten mehr als gut besucht.

Infos

Karte
Seite
47

Oficina de Turismo, Jardines de Pereda s/n, Tel. 942 20 30 00, Fax 942 20 30 05, und Calle Hernán Cortés 4, Tel. 942 31 07 08. Infos zur Stadt: : www.ayto-santander.es, zur Region Kantabrien: www.turismodecantabria.com.
Flughafen: Parayas, 4 km südlich, nahe dem Gewerbegebiet Camargo; Tel. 902 40 47 04; Busverbindungen in die Stadt.
Bahnhof: Plaza de las Estaciones, Tel. 902 24 02 02.

❶ Plaza Porticada
❷ Museo Municipal de Bellas Artes
❸ Kathedrale
❹ Puerto Chico
❺ Museo de Prehistoria y Arqueología
❻ Palacio de Festivales de Cantabria
❼ Museo Marítimo
❽ Palacio Real
❾ El Sardinero

SANTANDER

0   500 m

**Karte
Seite
47**

Busbahnhof: Plaza de las Estaciones, Tel. 942 21 19 95, www.santandereabus.com.
Schiffsverbindungen: Ab der Mole Calderón zu den Stränden Pedreña y Somo gegenüber der Bucht.
Parkplätze: Nur außerhalb des Stadtzentrums gebührenfrei.

Hotel Real, Paseo Pérez Galdos 28, Tel. 942 27 25 50, Fax 942 27 45 73, www.hotelreal.es. Kantabriens Tophotel im Belle Époque-Stil, Thalassotherapie. ○○○
❚ **Central,** General Mola 5, Tel. 942 22 24 00, Fax 942 36 38 29; www.elcentral.com. 3-Sterne-Haus nahe dem Puerto Chico, behaglich eingerichtete Zimmer. ○○–○○○

Zacarías, Hernán Cortés 38, Tel. 942 21 23 33, www.restaurantezacarias.com. Preisgekrönte Gerichte: Seehecht und Kabeljau. So abends geschl. ○○–○○○
❚ **Bodega La Montaña,** San Fernando 28, Tel. 942 23 33 77, www.bodegalamontana.com. Seit den 1940er-Jahren eine Institution. ○–○○

Beliebte Treffpunkte der *locals* sind Café-Pubs wie das **La Rana Verde** (Daoiz y Velarde 30) oder das **Molly Doolan** (San Fmeterio 7, Puerto Chico).

Fest der Nostalgie

Das Gran Casino im Stadtteil Sardinero dient als Kulisse für das Nostalgiefest **Baños de Ola:** Mitte Juli feiern die Bewohner Santanders die mondäne Zeit der Jahrhundertwende mit entsprechender Bademode, Menüs und Fortbewegungsmitteln.

Ausflüge

Safaripark

Über die N 634 erreicht man den ****Parque de la Naturaleza Cabárceno,** etwa 17 km südlich von Santander bei Sarón in einem bizarren ehemaligen Minengelände gelegen. Der Natur- und Wildpark umfasst rund 800 ha. Heute tummeln sich zwischen rötlichen, bis zu 10 m hohen Kalkfelsen Tiere aus fünf Kontinenten. Wege, die auch mit dem Auto befahrbar sind, führen z. T. vorbei an Elefanten, Löwen, Giraffen, Tigern und Braunbären (im Sommer tgl. 9.30–19, sonst nur bis 18 Uhr; Tel. 902 21 01 12; www.parquedecabarceno.com; Eintritt in der Hauptsaison: Erwachsene 18 €, Kinder 12 €, Nebensaison: 12 bzw. 8 €).

**Cuevas de Puente Viesgo

Auf der N 634 Richtung Torrelavega erreicht man die N 623. Drei Kilometer westlich des kleinen Kurbades Puente Viesgo stößt man dann auf die Cuevas de Puente Viesgo (25 km südwestlich von Santander): Tropfsteinhöhlen, in denen sich Felsritzungen und -malereien der späten Altsteinzeit verbergen. Der Zugang zu den Cuevas ist beschränkt auf 300 Besucher täglich; also am besten vormittags besichtigen oder telefonisch reservieren (Führungen Mi–So 9.45–16, Sommer tgl. 9.45–18.30 Uhr, Kassenschluss 1 Sunde vorher; Tel. 942 59 84 25, www.culturadecantabria.es).

Als erste von vier Höhlen wurde 1903 **El Castillo** entdeckt, die interessanteste Höhle mit schwarzen und rötlichen Zeichnungen, darunter ein Bison auf einem Stalagmiten, Pferde, sternförmige Zeichen und 50 Handabdrücke, mit denen vermutlich die Überlegenheit des Menschen beschworen werden sollte. Zugänglich für Besucher ist auch **Las Monedas.**

***Santiago de Compostela

Ein Traum aus Granit

Wenn der Regenschauer nachlässt und warme Sonnenstrahlen in die Gassen einfallen, erscheint der beigefarbene Granit der Kirchen, Klöster, Paläste und Arkadenhäuser in der Altstadt in wunderbar hellem Glanz. Mönche, Pilger und Händler wagen sich dann wieder aus den Devotionaliengeschäften, Cafés und Buchhandlungen heraus, Dudelsackmusik erschallt, und Touristen blicken fasziniert in Santiagos versteinertes Gesicht, mit dem Gefühl, in einer überdimensionalen Theaterkulisse zu verweilen. Nicht nur die weltberühmte Kathedrale, sondern das ganze Altstadtensemble hat die UNESCO zum »Weltkulturerbe« ernannt.

Santiago ist aber nicht nur das Ziel vieler Kulturinteressierter und Gläubiger, sondern auch eine ungemein lebendige Studentenstadt mit entsprechend vielen Kneipen.

Geschichte

Der Name Santiago de Compostela deutet bereits auf den Ursprungsmythos der Stadt hin. Ihre Geschichte beginnt mit der sagenhaften Entdeckung des Apostelgrabes im 9. Jh. auf einem »Sternenfeld« (lat. *campus stellae* = Compostela). Der Apostel Jakobus (Sant' Jago = Santiago) soll zuvor auf der Iberischen Halbinsel gepredigt haben und in Jerusalem als Märtyrer enthauptet worden sein. Daraufhin sollen ihn seine Jünger nach Galicien

gebracht und dort beerdigt haben. Der Legende nach erschien er König Ramiro I und seinen Soldaten in der Schlacht von Clavijo, worauf die christlichen Truppen die Mauren besiegten und Santiago den Beinamen *matamoros* (»Maurentöter«) erhielt. Diese Legende wurde zum Politikum im Kampf gegen die Mauren, die ihrerseits 997 die Pilgerstadt zerstörten. Im 12. Jh. entwickelte sich das neu aufgebaute Santiago neben Rom und Jerusalem zum bedeutendsten Pilgerziel der europäischen Christenheit.

Aus Furcht vor Sir Francis Drake, der im Dienste Elisabeths I. von England gegen Spanien kämpfte, wurden die Reliquien des Apostels 1589 versteckt; man »entdeckte« sie erst 1879 wieder. 1937 versuchte Franco an die Tradition der Apostelverehrung anzuknüpfen, indem er seine Kampagne gegen die linke Regierung zur Reconquista gegen den Kommunismus stilisierte.

Politisch war Santiago seit der Reformationszeit ins Hintertreffen geraten. Erst mit dem Autonomiestatut von 1981 erhielt die Stadt wieder politisches Gewicht. Seitdem ist die rund 100 000 Einwohner zählende Hauptstadt Galiciens Sitz des Parlaments. Immer wenn ein Heiliges Jahr ausge-

Karte Seite 53

Fotomotiv

Keinesfalls entgehen lassen sollten Sie sich den besonders schönen Blick vom Park **Carballeira de Santa Susana ⓱** auf Santiagos Altstadt mit seiner Kathedrale. Vor allem dann nicht, wenn Feuerwerkskörper den monumentalen Bau beim **Jakobsfest** (16.–31. Juli) in bunten Farben erscheinen lassen.

Karte Seite 53

rufen wird – das nächste Mal 2010 – geht die Zahl der Pilger in die Millionen. Während des letzten *año santo* 2004 wurde der Besucherrekord mit 12 Millionen aufgestellt.

Praza do Obradoiro

Santiagos Herzstück ist die Praza do Obradoiro, umgeben von der Kathedrale, dem Rathaus und dem 1498 von den Katholischen Königen erbauten **Hostal de los Reyes Católicos**. Das einstige Krankenhaus wurde zur Nobelherberge umfunktioniert und gilt heute als der berühmteste Parador ganz Spaniens (s. S. 54).

Das Rathaus ist in dem 1777 entstandenen **Palacio de Rajoy** ❶ untergebracht. Benannt ist der klassizistische Palast nach seinem Bauherrn, dem Erzbischof Rajoy. An der Ostseite des Palastes, links neben der Kathedrale, befindet sich der **Palacio de Gelmírez** (galic. Xelmírez) ❷ aus dem 12./13. Jh. Der Erzbischöfliche Palast zählt zu den bedeutendsten romanischen Zivilbauten der Stadt. 1266 erhielt er den 32 Meter langen Festsaal. Schlicht wirkt dagegen das **Colegio de San Jerónimo** ❸ an der Südseite, dessen romanisch-gotisches Figurenportal aus dem Jahr 1490 stammt.

Dahinter liegt das **Colegio de Fonseca** ❹, das der gleichnamige Erzbischof im 16. Jh. für Theologiestudenten bauen ließ. Heute dient es der Universität als Kulturzentrum. Beachtlich sind das Renaissanceportal mit ionischen Säulen, der zweigeschossige Innenhof und die Mudéjartäfelung der alten Aula.

Umgeben von Klöstern und den arkadenreichen Gassen Vilar, Franco und Raiña ist der Obradoiro-Platz ein Gesamtkunstwerk und zugleich eine herrliche Kulisse für Stadtfeste.

Ein platereskes Prunkstück: das Portal des Hostal de los Reyes Católicos

***La Catedral ❺

Unbestritten der eindrucksvollste Gebäude am Platz ist die Kathedrale. Hinter der imposanten Westfassade, die Fernando Casas y Novoa im 18. Jh. im üppigen churrigueresken Stil gestaltete, verbirgt sich der dreischiffige, romanische Innenraum, der als wichtigstes Bauwerk seiner Zeit bereits 1075–1211 entstand und mit den Jahrhunderten Elemente der Gotik und Renaissance assimilierte. Über eine doppelläufige Freitreppe erreicht man das Juwel der Kathedrale: die extrem schmale Eingangshalle mit dem künstlerisch überwältigenden romanischen ***Pórtico de la Gloria.

Von 1168 bis 1188 war Meister Mateo damit beschäftigt, diese Steinsymphonie aus über 200 Figuren zu gestalten. Das dreiteilige romanische Portal offeriert im Tympanon des mittleren Bogens Christus als Erlöser, umgeben von den vier Evangelisten. Die Plastiken zeigen hervorragend ausgearbeitete Details der Werkzeuge des Martyriums wie Geißel und Lanze bis zu den Musikinstrumenten, welche die 24 Ältesten der Apokalypse in

Jeder Pilger berührt die Apostelsäule im Pórtico de la Gloria

Händen halten. Daneben kann sich der Betrachter kaum satt sehen an Weihrauch spendenden Engeln und gefräßigen Ungeheuern. Die mittlere Säule mit der Statue des Apostels Jakobus stellt die Wurzel Jesse dar. Seit Jahrhunderten berühren Pilger am Ende der Wallfahrt die Steinwurzel, bevor sie sich dem Grab des Apostels nähern. Brauch ist es auch, die Stirn auf den Kopf der Figur Meister Mateos hinter der Säule zu legen (in der Hoffnung, dass etwas von seiner Genialität übertragen werde).

Im Innenraum der 94 m langen und 63 m breiten Kathedrale erhebt sich über dem vermeintlichen Grab des Apostels der Hauptaltar mit einer versilberten Jakobsfigur. Über eine hintere Treppe kann man sich der Heiligenfigur nähern. Eine schmale Treppe führt hinter dem Altarraum zum Schrein mit den Gebeinen Santiagos hinab. Über dem Altarraum hängt unter der 33 m hohen Vierungskuppel gelegentlich der **Botafumeiro,** ein über 50 kg schweres Weihrauchfass, das zu bestimmten Anlässen und Festen von acht Männern durch das Querschiff geschwungen wird.

Das **Museo de la Catedral** enthält den Kirchenschatz *(tesoro)* und Wandteppiche nach Vorlagen von Goya. Das Museum ist sowohl von der Kathedrale aus als auch von der Praza do Obra-

Die Westfassade der Kathedrale von Santiago, nächtlich illuminiert

doiro zugänglich (Okt.–Mai Mo–Sa 10 bis 13.30, 16–20, So 10–13.30 , Juni bis Sept. Mo–Sa 10–14, 16–20, So 10 bis 14 Uhr; www.catedraldesantiago.es; der Eintrittspreis von 5 € bzw. ermäßigt 3 € beinhaltet den Besuch des benachbarten Palacio de Gelmírez).

Noch etwas älter als der Pórtico de la Gloria ist die ***Puerta de las Platerías:** Der Figurenschmuck am Südportal stammt z. T. aus dem 10. Jh.

Praza da Quintana

Verlässt man durch das Südportal die Kathedrale, gelangt man zunächst zur **Praza de las Praterías ❻,** auf der vier steinerne Pferdeköpfe Wasser in einen Brunnen speien. Daran grenzt die strenge und weite **Praza da Quintana.** Einst war hier der Stadtfriedhof, heute ist der Platz vor allem ein Studententreffpunkt. Die Ostseite wird von dem nüchternen, von Benediktinerinnen bewohnten **Convento de San**

Karte Seite 53

Karte Seite 53

Pelayo ❼ aus dem 18. Jh. flankiert. Vom Innern der Klosterkirche her geht es ins **Museo de Arte Sacra** (Mo–Sa 10.30–13.30, 16–9 Uhr), das eine überraschende Vielzahl an Schätzen sakraler Kunst zu bieten hat.

Eine Treppe führt vom Platz hinauf zur **Casa de la Parra** ❽, einem verspielten Barockbau mit Balustraden.

Convento de San Martiño Pinario ❾

An der Praza da Inmaculada nördlich der Kathedrale liegt das 899 gegründete Kloster San Martiño (galicisch; kastilisch: Martín) Pinario, in dem Priester ausgebildet werden. San Martín war im Mittelalter ein religiöses Zentrum, dem zeitweilig über 30 Klöster und Priorate unterstanden; es ist der zweitgrößte Sakralbau von Santiago. Die barocke Klosterkirche aus dem 17. Jh. besitzt eine platereske Hauptfassade und einen imposanten churrigueresken Hochaltar. Das Portal weist zur Praza de San Martiño Pinario.

Museo das Peregrinacións ❿

Über die Praza do Cervantes erreicht man den gotischen Adelspalast **Pazo de Don Pedro,** der heute das Pilgermuseum beherbergt. Seine umfangreiche Sammlung, ausgestellt in verwinkelten Räumlichkeiten, bietet einen guten Einblick in die Wallfahrtsgeschichte von Santiago de Compostela (Di–Fr 10–20, Sa 10.30 bis 13.30, 17–20, So 10.30–13.30 Uhr; www.mdperegrinacions.com).

Schräg gegenüber liegt in der Calle San Miguel die Kirche **San Miguel dos Agros,** die im 18. Jh. über romanischen Resten erbaut wurde und im 19. Jh. ihre klassizistische Fassade bekam.

Jenseits der Porta do Camiño ⓫

Über das Pilgertor **Porta do Camiño** führt der Weg zu einem weiteren Kloster, dem **Monasterio de Santo Domingo** ⓬ aus dem 18. Jh. In einem Seitenflügel ist das *Museo do Pobo Galego untergebracht, das archäologische Funde, Alltagsgegenstände und galicische Malerei präsentiert (Di–Sa 10–14, 16–20 Uhr; www.museodopobo.es). Sehenswert ist auch das *Pantheon illustrer galicischer Persönlichkeiten in der benachbarten Kirche. Hier fand u. a. die galicische Dichterin Rosalía de Castro (1837–1885; s. S. 21) ihre letzte Ruhestätte.

Entlang der aus grauem Granitstein gebauten **Markthallen** ⓭ an der Praza de Abastos gelangt man zu einigen Gebäuden der Universität; der große Campus liegt außerhalb der Altstadt.

Mesón El Hispano, Praza de Abastos 7, Tel. 981 56 18 50. Einfach und freundlich, direkt an den Markthallen gelegen. So geschl. ○

*Santa María la Real de Sar ⓮

Über die Straßen Castro Douro/Sar de Fuera gelangt man zur weit außerhalb des Zentrums gelegenen Pfarrkirche Santa María la Real de Sar. Der dreischiffige romanische Bau (12. Jh.) wurde im Laufe der Jahrhunderte oft verändert. Im Kircheninnern mag es manchem mulmig werden, denn die Pfeiler und Mauern sind erheblich geneigt. Strebepfeiler geben den vom Einsturz bedrohten Seitenwänden Halt. Sehenswert sind das Portal und der Kreuzgang, die Meister Mateo zugeschrieben werden (Mo–Sa 10–13, 16– 19 Uhr).

Infos

Oficina de Información Turística Municipal, Rúa do Vilar 30–32, Tel. 981 58 40 81, Fax 981 56 51 78; Flughafen, Sala B, Tel. 981 54 77 04; www.santiagoturismo.com

▌ Informationen zur Region: www.turgalicia.es

▌ **Oficina del Peregrino,** Rúa do Vilar 1, Tel. 981 56 24 19, www.archi compostela.org. Pilgerinformation, Ausstellung von Pilgerurkunden.
▌ Infostelle für Besucherbusse am Busbahnhof (Dársena Xoán XXIII).

Flughafen: Aeropuerto de Lavacolla, 12 km östlich vom Stadtzentrum an

Karte Seite 53

❶ Palacio de Rajoy
❷ Palacio de Gelmírez
❸ Colegio de San Jerónimo
❹ Colegio de Fonseca
❺ Catedral
❻ Praza de las Praterías
❼ Convento de San Pelayo
❽ Casa de la Parra
❾ Convento de San Martiño Pinario
❿ Museo das Peregrinacións
⓫ Porta do Camiño
⓬ Monasterio de Santo Domingo
⓭ Markthallen
⓮ Santa María la Real de Sar
⓯ Carballeira de Santa Susana

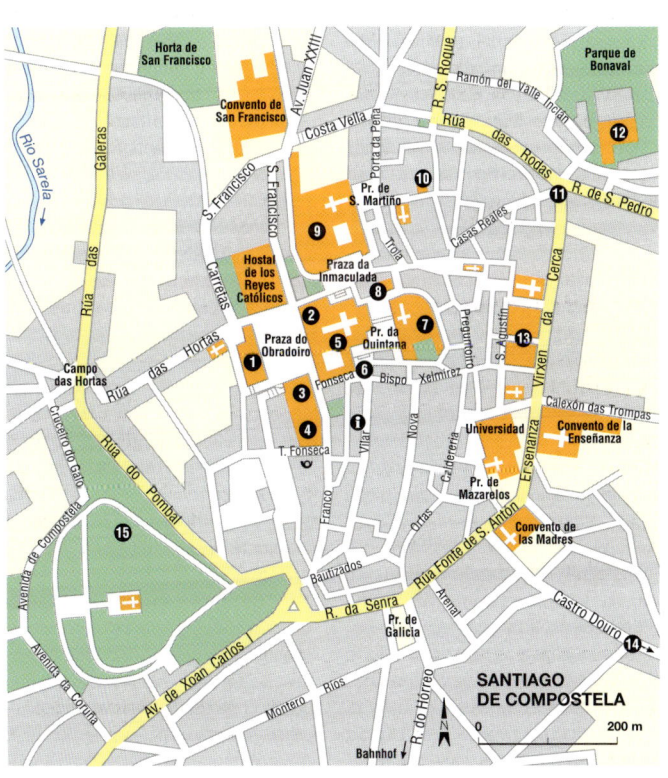

Karte
Seite
53

der N 544, Tel. 981 54 75 00; Inlandsflüge und stark wechselnde Angebote
an internationalen Flügen. Verbindungen in die Stadt entweder mit Taxis
oder den recht selten verkehrenden
Linienbussen der Gesellschaft Freire.
Bahnhof: Avda. de Lugo/Hórreo,
Tel. 902 24 02 02; gute Verbindungen
zu den galicischen Provinzhaupt-
städten, Bilbao und Madrid.
Busbahnhof: Estación de Autobuses,
Praza Camilo Díaz Baliño,
Tel. 981 54 24 16, www.tussa.org;
1,5 km vom Stadtkern entfernt. Zahlreiche nationale Verbindungen.

Parador de los Reyes Católicos,
Praza do Obradoiro 1,
Tel. 981 58 22 00, Fax 981 56 30 94;
www.parador.es. Übernachten wie
einst die spanischen Könige ...
Einziger Wermutstropfen: das oft
mürrische, überforderte Personal.
Ein Erlebnis am Abend: das Spitzen-
restaurant im Kellergewölbe. ○○○
▌ **Hesperia Gelmírez,** Hórreo 92,
Tel. 981 56 11 00, Fax 981 55 52 81,
www.hesperia.com. Mittelklassehotel
außerhalb der Altstadt; z. T. gute
Angebote auf der Homepage. ○○
▌ **Pazo Cibrán,** San Xulián de Sales,
Tel. 981 51 15 15, Fax 981 81 47 66,
www.pazocibran.com. Landhaus 7 km
südöstlich der Stadt; ideal für Motori-
sierte, die etwas abseits in stilvollem
Ambiente logieren möchten. Nur
11 Zimmer, attraktive Preise. ○–○○
▌ **Alameda,** San Clemente 32,
Tel. 981 58 81 00, Fax 981 58 86 89,
www.alameda32.com. Sauberes
Hostal südwestlich der Kathedrale.
Zimmer mit Privat- oder Gemein-
schaftsbad. ○
▌ **Campanas de San Juan,**
Campanas de San Juan 6,
Tel. 981 55 27 37, Fax 981 55 27 38,
www.campanasdesanjuan.com. Kleine Pension nahe der Kathedrale in
etwas versteckter Altstadtlage.
Gemütliche, frabenfrohe Zimmer. ○
▌ **Hostal Residencia Suso,** Rúa do
Vilar 65, Tel. 981 58 66 11. Zentral, oft
von Pilgern frequentiert. Extrem
preisgünstig. ○

Toñi Vicente, Rosalía de
Castro 24, Tel. 981 59 41 00,
www.tonivicente.com. Nouvelle Cuisi-
ne einer preisgekrönten Köchin; ex-
travagante Desserts, Spitzenweine.
Reservieren! So geschl. ○○○
▌ **Roberto,** San Xulián de Sales, 5 km
Richtung Ourense, Tel. 981 51 17 69.
Feinschmeckertempel mit Garten;
So abends geschl. ○○○
▌ **Don Quijote,** Galeras 20,
Tel. 981 58 68 59. Fisch- und Fleisch-
spezialitäten, sehr beliebt bei den
Einheimischen. ○○–○○○
▌ **Carretas,** Rúa das Carretas 21, Tel.
981 56 31 11. Galicische Küche, Nähe
der Kathedrale, So geschl. ○○–○○○
▌ **El Estanco,** Hórreo 26,
Tel. 981 56 38 08. Spezialität: See-
hecht mit Herzmuscheln, Paella.
Recht einfache Einrichtung. Mo
abends und So geschl. ○–○○
▌ **Mesón Ferradura,** Rosalía de
Castro 10, Tel. 981 58 91 20. Gut und
günstig. Zu empfehlen sind die Mit-
tagsmenüs. So geschl. ○

Beliebte Diskotheken im City-
bereich sind **Liberty** (Alfredo
Brañas 6) und **Don Juan** (Alfredo
Brañas 29).
▌ **Café Casino,** Rúa do Vilar 35. Präch-
tiges Kaffeehaus im *old-fashioned-
style.*

Casa dos Queixos, Cantón do
Toural. Feinkostladen mit
Käsespezialitäten wie *tetilla gallega.*
▌ **Casa Cotón,** Rúa do Franco 44.
Ein Mekka für Leckermäuler, u. a. gibt
es hier den »Jakobuskuchen«.

Der Jakobsweg nach Santiago

*Somport-Pass (*Jaca – *Sangüesa) oder *Ibañeta-Pass (*Roncesvalles – *Pamplona) → *Puente la Reina → *Estella → *Logroño → **Burgos → *León → *Astorga → *Ponferrada → Santiago de Compostela (ca. 860 km ab dem Somport- oder knapp 800 km ab dem Ibañeta-Pass)

Auf dem Aragonesischen Weg zwischen Somport-Pass und Candanchú

Auf den Spuren der Pilger führt diese Tour von der Gebirgskette der Pyrenäen quer durch Spaniens Norden zum Ziel aller Ziele: Santiago de Compostela mit dem Grab des Apostels Jakobus. Unterwegs geht es an prächtigen Kirchen und Klöstern vorbei, an Burgen und Weingärten. Urige Steinorte wechseln sich mit Städten wie Burgos und León ab, deren Kathedralen zu den größten Kunstschätzen in ganz Spanien zählen. Mit Schildern »Camino de Santiago« sowie blau-gelben Tafeln, die eine stilisierte Jakobsmuschel zeigen, finden Autofahrer die Route bestens ausgeschildert. Vielfach kreuzen sich Straße und historischer Wanderpfad, der zwischen Ostern und Oktober stark von Pilgern frequentiert wird. Für diese Fahrt ist mindestens eine Woche einzuplanen.

Als Zubringer stehen zwei Varianten zur Wahl: entweder über den Somport-Pass (1640 m) auf dem Camino Aragonés oder – von Pilgern und Autofahrern wesentlich häufiger gewählt – über den Ibañeta-Pass (1057 m) auf dem Camino Francés.

Der Camino Aragonés nach Puente la Reina

Vom französischen Oloron-Sainte-Marie her zieht sich die Straße in grandioser Gebirgswelt über den ***Somport-Pass ❶** (alte Grenzstation) und erreicht knapp 30 km dahinter die erste wichtige Stadt auf spanischem Boden, ***Jaca** (14 000 Einw.) **❷**. Dort empfiehlt sich ein Streifzug durch die Altstadt mit der sehenswerten Catedral de San Pedro im Kern. Auf der Weiterfahrt Richtung Sangüesa lohnt ein (ausgeschilderter) Abstecher in die Bergwelt zum frühromanischen **Kloster San Juan de la Peña ❸**; hier beeindruckt der unter einen Felsüberhang angesetzte Kreuzgang (tgl. 10.30–14, 15.30–17.30 Uhr, im Frühling und Sommer erweiterte Öffnungszeiten; www.monasteriosanjuan.com).

Der **Yesa-Stausee ❹** markiert den Übergang von Aragón nach Navarra.

An der N 240 bei Yesa weist der Abzweig zu einem weiteren Bergkloster, in dem noch Benediktinermönche leben: das ****Monasterio de Leyre ❺** (Mo–Fr 10.15–14 Uhr und

1
Karte
Seite
56

15.30–18 sowie Sa/So 10.15–14 und 16–18.30 Uhr, im Sommer abends bis 19 Uhr; www.monasteriodeleyre.com). Der Klosterkomplex stammt aus dem 17./18. Jh., Krypta und Kirche hingegen sind noch architektonische Zeugnisse der Romanik. Die Krypta (11. Jh.), deren Gewölbe auf scheinbar viel zu kurzen Säulen ruht, diente einst als Pantheon der Könige von Navarra. Eine eingehende Betrachtung verdient das westliche Kirchenportal mit seinem reichen Skulpturenwerk.

In den Klosterkomplex ist ein freundliches 32-Zimmer-Hotel integriert: **Hospedería de Leyre,** Tel. 948 88 41 00, Fax 948 88 41 37, www. hotelhospederiadeleyre.com. ○–○○

*Sangüesa ❻ ist ein stilles mittelalterliches Städtchen, das im 12. Jh. im Zusammenhang mit der wachsenden Bedeutung des Pilgerweges nach Santiago gegründet wurde. Nahe der Brücke über den Río Aragón steht die Iglesia de Santa María la Real. Immer wieder halten hier Reisebusse, damit die Touristen das figurenreiche ******Südportal der Kirche bestaunen können;

allein in den fünf Archivoltenbögen zählt man 84 Figuren. Die außergewöhnliche künstlerische Qualität der Bauplastik sichert der Kirche den Rang eines Nationaldenkmals.

Nur 8 km von Sangüesa entfernt liegt das **Castillo de Javier ❼**, eine Burg, in der 1506 San Francisco Javier (der hl. Franz Xaver), Schutzpatron Navarras und bekannt als Missionar in Japan und Indien, zur Welt kam. In das Kastell ist eine freskenverzierte Kapelle integriert (tgl. geöffnet).

Das Endstück des Camino Aragonés hält vor Puente la Reina einen weiteren Höhepunkt bereit: die ***Ermita de Eunate ❽**. Die Grabeskirche, einsam inmitten von Kornfeldern gelegen, zieht Besucher durch ihre ganz eigene Atmosphäre in Bann. Ein Arkadengang (12./13. Jh.) umgibt den harmonischen achteckigen Bau.

Der Camino Francés nach Puente la Reina

Die Route über den ***Ibañeta-Pass ❾** kommt vom französischen Saint-Jean-Pied-de-Port her. Über dem Panora-

*In Puente la Reina vereinigen sich
die Zweige des Jakobswegs*

*Einsam auf freier Flur liegt die
Ermita de Eunate*

maparkplatz auf der Passhöhe erinnert das Rolandsdenkmal an die Schlacht von Roncesvalles (778), als der zum Heer Karls des Großen gehörige Roland in einen tödlichen Hinterhalt geriet. Knapp 2 km unterhalb des Passes liegt die ***Colegiata de Roncesvalles ⑩**. In dem Kloster lohnen das reich ausgestattete Museum, die Grabkapelle Sancti Spiritus, der kleine Kreuzgang und der Kapitelsaal mit dem Grabmal von König Sancho VII. dem Starken einen Besuch. In der Stiftskirche verehren die Gläubigen ein versilbertes Zedernholzbildnis der heiligen Maria (tgl. 10 bis 14, 15.30–17.30 Uhr, Sommer bis 19 Uhr; www.roncesvalles.es).

Die grünen Berglandschaft reicht bis ans knapp 50 km entfernte **Pamplona ⑪** (s. S. 41) heran, ehe der Jakobsweg durch den fruchtbaren Landstrich Valdizarbe führt. Um Puente la Reina sieht man Spargel- und Weinfelder, am Ortsrand markiert eine kleine Jakobusskulptur den Zusammenlauf von Camino Francés und Aragonés.

Puente la Reina ⑫

Die kleine Ortschaft Puente la Reina heißt so wie die sechsbogige mittelalterliche ***Brücke,** die Doña Mayor, die

Gemahlin von König Sancho Garcés III, Anfang des 11. Jhs. hier über den Río Arga errichten ließ.

Alle Sehenswürdigkeiten des charmanten Ortes liegen an der Calle Mayor, die von der Brücke durch die Ortschaft führt. Beim kurzen Spazier-

Herbergen für Pilger

Wanderern und Radlern stehen am Jakobsweg Pilgerherbergen *(albergues de peregrinos, refugios)* offen, deren Netz vorbildlich ausgebaut ist. Zur Übernachtung in den preisgünstigen öffentlichen Herbergen benötigt man einen Pilgerausweis *(credencial)*, den man – rechtzeitig gegen einen geringen Kostenbeitrag – über eine Jakobusgesellschaft beantragen sollte, z. B. die **Fränkische St. Jakobus-Gesellschaft** (Ottostr. 1, Kilianeum, 97070 Würzburg, www.jakobus-gesellschaften.de) oder die **Deutsche St. Jakobus-Gesellschaft e. V.** (Tempelhofer Str. 21, 52068 Aachen, Tel. 02 41/ 4 79 01 27, www.deutsche-jakobus-gesellschaft.de). Infos zu Pilgerherbergen: **www.jakobus-info.de** (D, A, CH, F, E) und **www.xacobeo.es** (Galicien).

1

Karte
Seite
56

1

Karte
Seite
56

gang sieht man die romanische **Iglesia de Santiago** (12. Jh.) und die **Iglesia del Crucifijo** (13. Jh.), benannt nach einem Gabelkruzifix, das Rheinländer hierher getragen haben sollen.

Bidean, Mayor 20, Tel. 948 34 04 57, Fax 948 34 02 93, www.bidean.com. Uriges denkmalgeschütztes Hostal mit 20 Zimmern im Ortskern, am Pilgerweg. ○−○○

La Plaza, Calle Mayor 52, Tel. 948 34 01 45. Direkt am Jakobsweg, recht einfach und von Einheimischen frequentiert. Mittags empfiehlt sich das Tagesmenü. Mo geschl., im Nov. Betriebsferien. ○

*Estella ⑬

1076 wurde Estella (14 000 Einw.) am Río Ega von König Sancho Ramírez zur Stadt erhoben. Seither entstanden auf den Anhöhen beiderseits des Flusses einige Kirchen und Klöster. Vom ausgeschilderten Parkplatz ist es ein

Lesetipps

Hollywoodstar Shirley MacLaine legt in **Der Jakobsweg – eine spirituelle Reise** (Goldmann) sehr persönlich Zeugnis von ihrer Pilger nach Santiago ab. Um Legenden, Wunder und mysteriöse Geschichten dreht sich **Geheimnisse am Jakobsweg** (Tyrolia), ein spannendes Buch von Andreas Drouve. Für seinen Essayband **Stille Winkel auf dem Jakobsweg** (Ellert & Richter) hat Andreas Drouve ganz besondere Schauplätze entlang des Camino ausgesucht.

Katzensprung bis zur Plaza de San Martín, die mitten im ehemaligen Frankenviertel liegt. Die südliche Platzseite nimmt das Rathaus (16. Jh.) ein.

Beachtung verdient vor allem die prächtige Fassade des ***Palacio de los Reyes** (12. Jh.). Auf einem der Kapitelle ist der legendäre Kampf Rolands mit dem Riesen Ferragut inszeniert. In den Innenräumen ist das Werk des Malers Gustavo de Maeztu y Whitney (1887 bis 1947) dokumentiert; gleich daneben liegt das Fremdenverkehrsamt.

Schräg oberhalb erhebt sich die romanische Kirche ***San Pedro de la Rúa.** Vom Kreuzgang sind nur noch zwei Flügel erhalten. Der Rest wurde von Felsbrocken zerstört, als man im 16. Jh. die benachbarte Burg sprengte. An den Ausläufern des Hanges liegen das Kloster Santo Domingo und die Kirche Santa María de Jus del Castillo.

Auf der anderen Flussseite trifft man oberhalb des belebten Stadtzentrums auf die **Iglesia de San Miguel** mit ihrem äußeren Wehrgang und einem skulpturenreichen romanischen ***Nordportal.**

Oficina de Turismo, San Nicolás 1, Tel. 948 55 63 01, Fax 948 55 20 40, oit.estella@navarra.es.

Busverbindungen: U. a. nach Pamplona und Logroño.

Yerri, Avda. Yerri 35, Tel. 948 54 60 34, Fax 948 55 50 81. hotelyerri@hotelyerri.es. 2-Sterne-Hotel mit eigenem Restaurant, nahe dem Río Ega. ○

*Logroño ⑭

Die am Río Ebro liegende Stadt Logroño lebte im Mittelalter gut vom Wollhandel und dem Geld, das Santia-

Logroños Kathedrale ist der Santa María de la Redonda geweiht

1

Karte
Seite
56

Flughafen: Logroño-Agoncillo, 14 km östlich, Inlandsflüge nach Madrid und Barcelona, Tel. 941 27 74 00.
Bahnhof: Plaza de Europa, Tel. 902 24 02 02; u. a. nach Haro und zu vielen Städten Nordspaniens.
Busbahnhof: Avda. de España s/n, Tel. 941 23 59 83; nach Pamplona, Burgos, Santo Domingo de la Calzada.

 Carlton Rioja, Gran Vía del Rey Juan Carlos I 5, Tel. 941 24 21 00, Fax 941 24 35 02, www.pretur.com. 4-Sterne-Hotel in zentraler Lage, gut ausstaffiert. ○○

❚ **La Numantina,** Sagasta 4, Tel./Fax 941 25 14 11. Einfaches Hostal, Zimmer mit Bad. ○

La Unión, San Agustín 15, Tel. 941 22 00 70. Bei Einheimischen beliebt, typisch regionale Gerichte, Mittagsmenü-Angebote. Mo Ruhetag. ○–○○

In der Altstadtgasse **Laurel** (Lorbeer) hat jede Bar ihre Tapas-Spezialität – und selbstverständlich den berühmten Riojawein in allen Variationen.

gopilger hier ausgaben, ab dem 16. Jh. dann vom Weinanbau. Heute präsentiert sich die Hauptstadt der Autonomen Region Rioja (140 000 Einw.) als geschäftstüchtig und quirlig, mit einer charmanten Altstadt, über deren Plätzen während der wärmeren Jahreszeit die Störche kreisen. In der **Ruavieja,** der Pilgergasse, weisen gelbe Pfeile den Gläubigen ihren Weg, vorbei an alten Fassaden und blumengeschmückten Balkonen. Logroños Sehenswürdigkeiten liegen nur wenige Gehminuten voneinander entfernt.

In der ehemaligen Klosterkirche **Santa María del Palacio** ist der Renaissancealtar eine Betrachtung wert. Die Attraktion der romanischen **Iglesia de San Bartolomé** ist ihr gotisches Portal (14. Jh.). Die Fassade der hoch aufragenden **Catedral Santa María de la Redonda** aus dem 16. Jh. mit ihren beiden Barocktürmen lässt man am besten vom Freiluftcafé an der Plaza del Mercado aus auf sich wirken.

ℹ **Oficina de Turismo,** Paseo del Espolón, Tel. 902 27 72 00, Fax 941 29 16 40, www.lariojaturismo.com

Nájera ⓯

In Nájera führt der Jakobsweg durch die kleine Altstadt zum Kloster ***Santa María la Real,** das Mitte des 11. Jhs. gegründet wurde, nachdem König García III Ramírez an dieser Stelle ein Marienbildnis aufgefunden haben soll. Er war auf der Jagd seinem Falken gefolgt, der ein Rebhuhn ausgemacht hatte. In der Klosterkirche (Mo geschl.) beeindrucken das wunderschöne Chorgestühl (Ende 15. Jh.), die gotische Marienstatue auf dem Hochaltar, das Grabmal der Doña Blanca von

1

Karte
Seite
67

Navarra (12. Jh.) und die isabellinische Puerta Real. Durch das königliche Pantheon geht es zur Mariengrotte, im Kreuzgang befinden sich alte Adelsgräber.

ℹ️ Oficina de Turismo, Plaza de San Miguel 10, Tel./Fax 941 36 00 41

🏠 San Fernando, Paseo San Julián 1, Tel. 941 36 37 00, Fax 941 36 33 99, www.sanmillan.com. Nahe dem Río Najerilla gelegenes 3-Sterne-Hotel, aber etwas in die Jahre gekommen. ○○

🍴 Los Parrales, Calle Mayor 52, Tel. 941 36 37 35. Im historischen Herzen Nájeras. Typische Rioja-Küche. Empfehlung: Günstiges Mittagsmenü, abends leckeres riojanisches Spezialmenü mit einem guten Wein. Mo Ruhetag. ○–○○

Die Klöster von San Millán de la Cogolla ⑯

Von Nájera kann man entweder auf der N 120 gleich weiter nach Santo Domingo de la Calzada (18 km) fahren oder aber 25 km Umweg auf sich nehmen, um erst noch San Millán de la Cogolla einen Besuch abzustatten, das gleich zwei interessante Klöster besitzt. Das an einen Felshang gebaute **Monasterio de Suso** gilt als einer der ältesten Bauten der Rioja. In der schlichten zweischiffigen Kirche, an deren Nordseite drei kleine Apsiden angrenzen, verbergen sich einige westgotische Steinmetzarbeiten.

Das untere Kloster **San Millán de Yuso** (16.–18. Jh.) im Tal des Río Cárdenas ist eine Anlage im strengen Herrerastil, die daher auch als »Escorial von Rioja« bezeichnet wird. Außer den

Santo Domingo de la Calzada, Schauplatz des »Hühnerwunders«

drei Kreuzgängen aus der Spätgotik, der Renaissance und dem Klassizismus lohnt die Schatzkammer des Klosters einen Besuch (Suso Di–So 9.30–13.30, 15.30-18.30 Uhr, im Sommer Di–So 10–13.30, 16–18.30 Uhr; Yuso mit Teilnahme an Führungen im Sommer vormittags und nachmittags 30 Min. länger geöffnet).

*Santo Domingo de la Calzada ⑰

Der Ort (6000 Einw.) verdankt seinen Namen einem Eremiten, Domingo de Viloria (1019–1109), der half, hier eine Brücke über den Oja zu bauen und die Straße *(calzada)* zu pflastern. Die **Kathedrale** wurde 1098 begonnen, 1168 wurde der Grundstein für einen spätromanischen Neubau gelegt. Zu den Prachtstücken im Innern der dreischiffigen Basilika zählen das spätgotische *Grabmal Domingos von Juan de Rasines mit einer Alabasterskulptur des Heiligen aus dem 12. Jh. und das riesige platereske

Die Puerta de Santa Maria, Burgos

*Hochaltar-Retabel von Damián Forment (um 1540; Mo–Sa 9.30–13.30, 16 bis 18.30 Uhr, im Sommer zum Teil durchgehend).

Eine Kuriosität der Kirche sind ein lebender weißer Hahn und eine weiße Henne, die in einem spätgotischen Käfig über der Tür zur Sakristei gackern. Sie vergegenwärtigen eine der populärsten Legenden vom Jakobsweg: Ein junger Mann aus dem Rheinland war fälschlicherweise des Diebstahls beschuldigt und gehenkt worden. Seine Eltern fanden ihn auf ihrem Rückweg aus Santiago allerdings – von Santo Domingo geschützt – lebend in der Schlinge vor. Sogleich überbrachten sie dem Richter, der gerade Mahl hielt, die unglaubliche Nachricht. Ihr Sohn könne so wenig noch leben, entgegnete der Richter scharf, wie das vor ihm liegende Brathuhn fliegen könne. Woraufhin das Huhn gackerte und vom Teller abhob.

Parador, Plaza del Santo 3,
Tel. 941 34 03 00,
Fax 941 34 03 25, www.parador.es.

Stimmungsvolle Bleibe in den Gemäuern eines historischen Pilgerhospizes bei der Kathedrale. Vorzügliches Hotelrestaurant. (Zweiter Parador am westlichen Ortsausgang.) ○○○

1

Karte
Seite
67

**Burgos ⑱

Burgos (170 000 Einw.), Ende des 9. Jhs. von Graf Diego Porcelos gegründet, ist seit ehedem ein Meilenstein am Jakobsweg. Die Pilger von heute ziehen über die ***Plaza de San Lesmes** (Porcelos-Denkmal, Kirche San Lesmes) in die von Gassen und Plätzen durchsetzte Altstadt ein. Rund um die ***Plaza Mayor** laden Kneipen zur Einkehr und Geschäfte in der lang gestreckten Fußgängerzone um Calle Paloma/Calle Laín Calvo zum Shopping ein. Hoch über der Altstadt liegt der Burgberg mit Grünanlagen und Festungsresten des Castillo.

Mitten aus dem historischen Viertel erhebt sich ein Bauwerk von überwältigender Dominanz: die *****Kathedrale Santa María,** Weltkulturerbe der UNESCO. Nach der Grundsteinlegung 1221 zogen sich die Arbeiten bis ins 15. Jh.; 1458 krönte Hans von Köln in 84 m luftiger Höhe die beiden Türme der Westfassade mit Maßwerkhelmen. Mit seinem reichen Skulpturenschmuck gibt das der Plaza de San Fernando zugewandte Sarmental-Portal einen Vorgeschmack auf das Innere. Dort setzt sich die Pracht in 19 Kapellen fort, darunter in der riesigen **Capilla de los Condestables** mit dem Grabmal der kastilischen Kronfeldherrn. Unter der Vierungskuppel hat Spaniens Nationalheld El Cid (1043 bis 1099) seine letzte Ruhe gefunden. Überall in der Kathedrale glänzen Gold- und Silberschätze: im Hauptretabel mit einem Bildnis der hl. Maria,

1
Karte
Seite
67

Doppelsäulen tragen die Rundbögen des Kreuzgangs von Santo Domingo de Silos

an der Goldenen Treppe *(escalera dorada)* des Diego de Siloé und im Domschatzmuseum beim Kreuzgang (tgl. 9.30–13.15, 16–19.15 Uhr, im Sommer mitunter durchgehend).

Von der Kathedrale geht es weiter durch den ***Arco de Santa María,** eines der alten Stadttore. Gleich dahinter steht man auf dem ***Paseo del Espolón,** Burgos' Vorzeigepromenade mit Platanen, Bänkchen und Skulpturen. Parallel zum Flüsschen Arlanzón lässt es sich angenehm bis zur **Plaza del Cid** bummeln, wo ein Denkmal den Ritter hoch zu Ross zeigt.

Außerhalb der Stadt verdienen zwei Klöster einen Besuch: das Kartäuserkloster ****Cartuja de Miraflores** mit dem pompösen Königsgrabmal des Johannes II. von Kastilien und seiner Frau Isabella (Fuentes Blancas; Mo bis Sa 10.15–15, 16–18, So 11–15, 16 bis 18 Uhr) und das unverändert von Zisterzienserinnen geführte Kloster ****Monasterio de Huelgas** mit zwei Kreuzgängen sowie Königs- und Prinzengräbern (Führungen Di–Sa 10.30 bis 13, 15.45–17.30, So 10.30–14 Uhr; in der Hochsaison beim Einlass mitunter längere Wartezeiten).

ℹ️ Oficina de Turismo, Plaza Alonso Martínez 7, Tel. 947 20 31 25, Fax 947 27 65 29, www.aytoburgos.es

Bahnhof: Avda. Conde Guadalorce; Züge u.a. nach Pamplona, Madrid, Gasteiz/Vitoria; Tel. 902 24 02 02. **Busbahnhof:** Miranda 4, Tel. 947 47 28 30.

🏠 Abba Burgos, Fernán González 72, Tel. 947 00 11 00, Fax 947 00 11 01, www.abbahoteles.com. 4-Sterne-Haus in einem ehemligen Priesterseminar am Rand der Altstadt. Bisweilen gute Angebote auf der Homepage. ○○–○○○

▌Norte y Londres, Plaza Alonso Martínez 10, Tel. 947 26 41 25, Fax 947 27 73 75, www.norteylondres hotel.com. Traditionsadresse in der Altstadt, gemütliche Zimmer mit nostalgischem Touch. ○–○○

🍴 El 24 de la Paloma, Paloma 24, Tel. 947 20 86 08. Kulinarisches Erlebnis in gediegenem Rahmen, nahe der Kathedrale. Beliebt und empfehlenswert ist das kastilische Menü. So abends geschl. ○○–○○○

La Amarilla, San Lorenzo 26, Tel. 947 20 59 36. Das urige Restaurant liegt auf einer Empore. Gute Mittagsmenüs. ○

Ausflug

Tief im Süden von Burgos liegen einige lohnende Orte, die sich gut zu einer Tagestour mit dem Auto kombinieren lassen. Über die Schnellstraße N-I ist nach knapp 40 km **Lerma** ❶ erreicht, wo sich ein königlicher Günstling im 17. Jh. einen prächtigen Herzogspalast erbauen ließ (heute Parador; ○○○).

Auf dem Nebensträßchen BU-900 geht es ostwärts nach ***Santo Domingo de Silos** ❷, das rund um ein Benediktinerkloster entstanden ist. Der romanische Kreuzgang zählt zu den schönsten in Spanien (So/Mo 16.30 bis 18, Di–Sa 10–13, 16.30–18 Uhr).

Abends um 19 Uhr sind in der Klosterkirche die Gregorianischen Gesänge der Mönche zu hören.

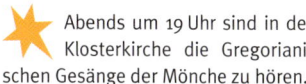

Hotel Silos 2000, Calle Santo Domingo de Silos 74, Tel. 947 39 01 32, Fax 947 39 01 27, www.hotelsilos2000.vistoynovisto. com. Schnörkelloses, freundliches Hotel mit großem Gästeparkplatz und Restaurant. Rundum faire Preise. ○

Auf der BU-901 gelangt man nordwestwärts nach ***Covarrubias** ❷, 85 km, wo Besucher eine winzige Altstadt mit Fachwerkhäusern, Stadtmauerresten und guten Restaurants erwartet. Das der Stiftskirche San Cosme y San Damián angeschlossene ***Museum** zeigt wertvolle Skulpturen und Gemälde (Di geschl.).

Der Rückweg nach Burgos führt wieder über Lerma oder über Cuevas de San Clemente.

*Castrojeriz ❷

Wichtige Wegstation in typischer Meseta-Landschaft, weithin sichtbar sind die Burgruinen auf dem Ortshügel. Im Mittelalter fanden Wallfahrer mehrere Spitäler und Kirchen vor. Das Innere der ***Colegiata Virgen del Manzano** dient heute als interessantes Museum, am seitlichen Hochaltar ist Jakobus als Pilger zu sehen (Öffnungszeiten variieren, i. d. R. Di–So 10– 13.30, 16.30–19.30 Uhr, Winter geschl.).

La Cachava, Real 93, Tel. 947 37 85 47, Fax 947 37 76 10, www.lacachava.com. Stilvoll-romantisches kleines Hotel. ○–○○

La Taberna, Real de Oriente 43, Tel. 947 37 71 20. Rustikales Ambiente, regionaltypische Gerichte; gutes, günstiges Menü. Mo geschl. ○

Frómista ❷

Rund um den Ort (2000 Einw.) breitet sich eine der spanischen Kornkammern aus, gespeist von den Bewässerungssystemen des ***Canal de Castilla.** Im Ortskern sticht die prächtige romanische ***Kirche San Martín** mit reichem Skulpturenschmuck und zwei zylinderförmigen Türmen hervor (in der Regel tgl. 10–14, 15–18.30 Uhr, im Sommer nachmittags 16.30–20 Uhr).

Villalcázar de Sirga ❷

Typischer Pilgerort mit kleinen Restaurants und der wuchtigen ***Wehrkirche Santa María la Blanca,** die im Mittelalter von den Tempelrittern begründet wurde. Über dem geschützten Südportal ist das Bildnis der »Weißen Jungfrau« ebenso zu erken-

1

Karte Seite 66

1

Karte
Seite
66

nen wie im Hochaltar (wechselnde Öffnungszeiten; in der Regel tgl. 10.30–14, 17–20 Uhr, außerhalb der Saison nur Sa/So).

Mesón Villasirga, Plaza Mayor s/n, Tel. 979 88 80 22. Uriger geht es kaum als in diesem langen Restaurant vor der Kirche. Eintöpfe, Würste, guter Hauswein. Während der Wintermonate abends geschl. ○○

****León** ㉕

Die geschichtsträchtige Hauptstadt (140 000 Einw.) der gleichnamigen Provinz wurde im 1. Jh. n. Chr. von den Römern begründet. Hintergrund war der Schutz der Goldtransporte. Im Mittelalter stieg León dank seines Königssitzes vorübergehend zu einer der wichtigsten Städte im christlichen Spanien auf. In der Altstadt mischen sich Geschichte und Gegenwart auf besondere Art, vor allem im kneipenreichen »Feuchten Viertel« ***Barrio Húmedo** rund um die Plaza de San Martín. Hier spült es Besucher ebenso hin wie auf die arkadengesäumte ***Plaza Mayor** und die dörflich wirkende ***Plaza Santa María del Camino,** einst Schauplatz von Kornmärkten. Ein guter Einstieg in die Fußgängerzone ***Calle Ancha** öffnet sich an der Plaza de San Marcelo, die vom Backsteinturm der **Kirche San Marcelo** überragt wird. Zu Beginn der Calle Ancha fallen zwei weitere prägnante Bauten schräg gegenüber auf: der **Palacio de los Guzmanes** (Stadtpalais, 16. Jh.) und die Ende des 19. Jhs. von Jugendstilarchitekt Antoni Gaudí entworfene **Casa de Botines.** Auf dem höchsten Punkt der Altstadt stechen die gotischen Türme der *****Catedral de Santa María** in den Himmel. Die mit reichem Skulpturenwerk verzierte Hauptfas-

Die Kathedrale von León

sade wendet sich zur Plaza de la Regla hin, wo ein »Hände-Monument« an alle Baumeister der Kathedrale erinnert. Das Innere des Gotteshauses bezaubert durch die Pracht seiner Buntglasfenster, die schönsten sind im Altarumgang zu sehen (Mo–Sa 8.30 bis 13.30, 16–19, im Sommer bis 20, So i. d. R. 8.30–14.30, 17–19 Uhr).

Das altstädtische Gassengeflecht dehnt sich bis zur ***Colegiata de San Isidoro,** einer romanischen Stiftskirche mit dem Reliquienschrein des hl. Isidor von Sevilla (560–636). Nahe dem Hauptportal der Kirche führt ein Eingang ins **Museo de San Isidoro** mit der ***Schatzkammer,** der Bibliothek und dem im 12. Jh. farbig ausgemalten *****Pantheon der Könige;** diese freskenverzierte Grablege wird auch als »Sixtinische Kapelle der romanischen Malerei« bezeichnet (Mo–Sa 10 bis 13.30, 16–18.30, So 10–13.30 Uhr, Hochsommer Mo–Sa 9–20, So 9 bis 14 Uhr). Ein weiterer Prachtbau Leóns liegt nahe den Ufern des Río Bernesga: das ***Kloster San Marcos** mit steinernem Muschelschmuck an der *Fassade (16. Jh.). Teile des Komplexes beherbergen heute das Parador-Hotel.

Kulturpol der neueren Zeit ist das **Museo de Arte Contemporáneo** (Museum für Zeitgenössische Kunst; Avenida de los Reyes Leoneses 24; Di–So 10–15, 16–21 Uhr; http://musac.es).

i **Oficina de Turismo,**
Plaza de la Regla 3–4,
Tel. 987 23 70 82, Fax 987 27 33 91,
www.turismocastillayleon.com

Bahnhof: Avda. Astorga; Züge u. a. nach Ponferrada, A Coruña, Bilbao; Tel. 902 24 02 02.
Busbahnhof: Avda. Sáenz de Miera; Tel. 987 21 10 00.

Parador de San Marcos, Pl. de San Marcos, Tel. 987 23 73 00, Fax 987 23 34 58, www.parador.es. 5-Sterne-Standard in historischem Gemäuer; erlesenes Ambiente in den Salons und im Restaurant. ○○○
❚ **París,** Ancha 18, Tel. 987 23 86 00, Fax 987 27 15 72, www.hotelparis leon.com. In der Fußgängerzone, geräumige, stilvoll eingerichtete Zimmer, Cafeteria. ○○

Palacio Jabalquinto, Juan de Arfe 2, Tel. 987 21 53 22. Tafeln in stilvollem Ambiente, beliebt ist das Menü. So abends und Mo geschl. ○○
❚ **Molino Verde,** Fray Luis de León 20, Tel. 987 20 86 98. Bierstube *(cervería)* mit günstigem Mittagsmenü; der Lärmpegel spricht für die Beliebtheit vor Ort. So Ruhetag. ○

*Astorga ㉖

Am Nordwestzipfel der Hochebene liegt das Städtchen (14 000 Einw.) dessen Geschichte bis in Römerzeit

Gaudís Bischofspalast in Astorga

zurückreicht; hier kreuzten sich wichtige Heeresstraßen. In der Altstadt pulsiert das Leben um den *Rathausplatz. Auf engstem Raum liegen die drei wichtigsten Bauwerke beieinander: die **Stadtmauern** römischen Ursprungs, die im 15.–18. Jh. erbaute *Kathedrale (mit Museum; tgl. 11–14, 15.30–18.30; Sommer tgl. 10–14, 16 bis 20 Uhr) und der von Antoni Gaudí konzipierte **Bischofspalast.** Gaudís Werk wurde in ein *Museum verwandelt, das den Jakobuskult anhand vieler Skulpturen dokumentiert (Di–Sa 11 bis 14, 16–18, So 11–14 Uhr, Sommer Di bis Sa 10–14, 16–20, So 10–14 Uhr).

Das kleine **Museo del Chocolate** erinnert an die hiesige Tradition der Schokoladenproduktion (José Maria Gay 5, So abends und Mo geschl.).

i **Oficina de Turismo,** Plaza Eduardo de Castro 5, Tel. 987 61 82 22, Fax 987 60 30 65, www.astorga.com

Asturplaza, Plaza de España 2–3, Tel. 987 61 89 00, Fax 987 61 89 49, www.asturplaza. com. Gute Lage im Zentrum; 37 angenehme, komfortable Zimmer. ○○

**Karte
Seite
66**

Entrepiedras, Real 29, Castrillo de los Polvazares (5 km entfernt am Jakobsweg), Tel. 696 01 06 00, www.castrillodelospolvazares.com. Hier gibt es *cocido maragato,* den typischen Eintopf des hiesigen Landstrichs Maragatería. ○○

*Ponferrada ㉗

Über die Gebirgswelt mit dem sagenumwobenen **Cruz de Ferro** (1504 m) läuft der Jakobsweg auf Ponferrada (64 000 Einw.) zu. Wenig erbauliche Industrie- und Neubauzonen stehen im Kontrast zu einer freundlichen Altstadt mit dem **Rathausplatz,** der **Torre del Reloj** (16. Jh.) und der **Basílica de la Encina** (16. Jh.). Von den Templern gegründet wurde das wuchtige ***Castillo de los Templarios** hoch über den Ufern des Río Sil; im ausgedehnten Burginnern gibt es mittelalterliche Wehrgänge und Türme zu entdecken (Di–Sa 10.30–14, 16–18, Sommer nachm. 17–21, So ganzj. 11–14 Uhr).

Oficina de Turismo, Gil y Carrasco 4, Tel./Fax 987 42 42 36, www.ponferrada.org

AC Ponferrada, Avda. Astorga 3, Tel. 987 40 99 73, Fax 987 40 99 74, www.ac-hoteles.com. Modern-schnörkelloses Hotel am Stadtpark. Exzellentes Restaurant, gute Fleischgerichte und Weine. ○○

Villafranca del Bierzo ㉘

Nette Kleinstadt (4000 Einw.) im Landstrich Bierzo, der Kennern durch seine

guten Rotweine ein Begriff ist. Über die verkehrsberuhigte City verteilen sich einige Bars und Restaurants, die ***Parkanlage Alameda** ist eine Augenweide. Im höher gelegenen Teil streift der Jakobsweg die sehenswerte ***Iglesia de Santiago** (12. Jh.) und das markgräfliche Kastell (16. Jh.).

Parador de Turismo, Avda. Calvo Sotelo 28, Tel. 987 54 01 75, Fax 987 54 00 10, www.parador.es. Landhaus, von Wein berankt, Zimmer kastilisch möbliert, mit viel Holz und Schmiedeeisen. ○○–○○○

*O Cebreiro ㉙

Der kleine Ort ist die erste wichtige Pilgerstation in Galicien und wegen eines Wunders bekannt, bei dem sich der Messwein in Blut und die Hostie in rohes Fleisch verwandelt haben soll. Schauplatz der Geschichte war die präromanische Kirche, die durch ihre Schlichtheit beeindruckt.

Im winzigen Ortskern fallen einige *pallozas* auf, strohgedeckte Steinhäuser, wie sie einst die Kelten bauten. Bei schönem Wetter erlaubt die Lage auf 1300 m traumhafte Aussichten.

Cebreiro, bei der Kirche, Tel. 982 36 71 25, Fax 982 36 70 15, www.hotelcebreiro.com. Einfaches renoviertes Hostal, mit Restaurant. ○

Bis Santiago gibt ein Wegestein für Wanderer noch 151 km an. Autofahrer führt die Fahrt (ca. 170 km) über Samos (Kloster) und Portomarín (Stausee), doch der eigentliche Höhepunkt ist das typisch galicische Hügelland.

1

Karte Seite 66

Bergspitzen und Seebäder

2

Karte Seite 70

*Castro Urdiales → Santander → **Santillana del Mar → *Comillas → **Picos de Europa (ca. 280 km)

Diskussionen darüber, ob man im Urlaub lieber in die Berge fährt oder ans Meer, erübrigen sich bei dieser Tour. Wenn man Schneehauben auf den Picos de Europa erblickt, nachdem man gerade noch schäumende Wellen vor Augen hatte, ist man im kontrastreichen Kantabrien. An die 60 kleine und mittelgroße Sandbuchten zwischen schroffen Felsen prägen das Bild der Küstenlandschaft ebenso wie Weiden bis in 2500 m Höhe. Wie hineingewürfelt liegen die Hauptstadt Santander (s. S. 45), Dörfer und jahrtausendealte Höhlen.

*Castro Urdiales ㉚

Der schöne kantabrische Urlaubsort (23 000 Einw.) an der Küste war schon bei römischen Legionären beliebt. Aus der Altstadt ragen die gotische Kirche ***Nuestra Señora de la Asunción** (14./15. Jh.) und das benachbarte **Castillo de Santa Ana** auf. Am Hafen findet man Cafés und Restaurants.

i **Oficina de Turismo,** Avda. de la Constitución 1, Tel. 942 87 13 37, www.castro-urdiales.net

Las Rocas, Paseo de la Playa s/n, Tel. 942 86 04 00, Fax 942 86 13 82,

Das Hafenstädtchen Castro Urdiales geht auf die Römer zurück

www.lasrocashotel.com. Angenehmes 4-Sterne-Haus, gut ausstaffiert und besonders bei den Spaniern beliebt. Restaurant und Cafeteria. ○○–○○○

Costa de la Esmeralda

Laredo ㉛ (15 000 Einw.) mit seinem herrlichen, gut 5 km langen Sandstrand ist einer der populärsten Ferienorten der kantabrischen Küste, jedoch stark verbaut. Groß ist das Angebot an Hotels, Restaurants, Bars und Diskos. Bei einem Spaziergang durch den alten, malerischen Ortskern gelangt man zur Iglesia de la Asunción (13. Jh.), einem gotischen Kleinod.

⭐ Am letzten Freitag im August ist Laredo Schauplatz der **Batalla de las Flores.** Festwagen werden mit Blumen geschmückt, und die Festteilnehmer bewerfen sich mit Blüten.

Cortijo, Avenida Gallego 3, Tel. 942 60 56 00, Fax 942 60 55 91, www.hotelcortijo.com. Solides, kleines 2-Sterne-Hotel in Strandnähe. Attraktive Nebensaison-Preise. ○–○○

Santoña ㉜ liegt an der Mündung des Río Asón auf einer kleinen Halbinsel.

In Santillana del Mar scheint die Zeit stehen geblieben zu sein

2
Karte
Seite
70

Ein Wisent, verewigt in Altamira

 **Santillana del Mar ㉝

Das Städtchen (13 000 Einw.) lebt eher von dem Fischereihafen und der Konservenindustrie als vom Tourismus.

Santoña liegt am Rand eines vogelreichen Naturschutzgebietes, doch viele Besucher zieht es nur zu den Stränden um die Orte **Noja** und **Isla** mit ihren Sandbuchten sowie ausgezeichneten Fischrestaurants, zahlreichen Hotels und Campingplätzen.

Entgegen seinem Namenszusatz »del Mar« liegt der denkmalgeschützte Ort rund vier Kilometer vom Meer entfernt. Der Name selbst hat mit der hl. Juliana von Nikomedia zu tun: Die Reliquien der Christin, die lieber den Märtyrertod auf sich nahm, als einen

Cueva de Altamira

Die neunjährige María, Tochter des Archäologen Marcelino Sanz de Sautuola, entdeckte 1879 in einer Höhle bunte Tierbilder. Als der Vater dies als Entdeckung paläolithischer Felsmalerei veröffentlichte, hielt ihn die Fachwelt schlichtweg für verrückt. Zwischen 18 000 und 13 000 v. Chr. entstandene Felsmalereien, so hieß es, könnten niemals eine solche Farbkraft wie die in leuchtenden Rot-, Ocker- und Schwarztönen gehaltenen Bilder, eine solche Anpassung an das Relief der Steine und Dynamik der Bewegung zeigen. Sautuola hat die Korrektur dieses Urteils nicht mehr erlebt – seit 1985 gehört die

berühmteste Höhle Spaniens zum Weltkulturerbe der UNESCO. Da die Atemluft der Besucher den Darstellungen von Wisenten, Hirschkühen, Pferden und Wildschweinen stark zusetzte, ist heute statt der Originalhöhle ein Replikat, die **Neocueva Altamira 2** (»Neuhöhle«), zugänglich: Nov.–April Di–Sa 9.30–18, So 9.30–15 Uhr, Mai–Okt. Di–Sa 9.30–20, So 9.30–15 Uhr; http://museodealtamira.mcu.es). Die tägliche Besucherzahl ist begrenzt, Ticket-Vorverkauf über die Bank Santander Central Hispano (https://secure.santander.com/ventaentradas/Altamira).

2

**Karte
Seite
70**

ungetauften römischen Richter zu heiraten, wurden in einem Kloster gehütet, um das sich die Stadt entwickelte.

Die meisten Touristen beschränken ihren Besuch auf einen Spaziergang durch den Stadtkern mit seinen wappengeschmückten Adels- und Herrenhäusern aus dem 15.–17. Jh. Nachdem man die Sehenswürdigkeiten – die **Casa de la Villa**, den **Palacio del Marqués de Santillana** (Geburtshaus von Lope de Vega) und die **Torre de Merino** – besichtigt hat, kann man sich dem kunsthistorischen Highlight der kleinen Ortschaft zuwenden: der ***Colegiata**. Im Hauptschiff der Stiftskirche ruhen die Gebeine der hl. Juliana in einem Sarkophag. Ein Schmuckstück ist der ****Kreuzgang** (12. Jh.) an der Nordseite mit seinen romanischen Kapitellskulpturen (Di–So 10–13.30, 16–19.30 Uhr). Weitere Attraktionen sind im Ortskern ein Museum der Inquisition sowie außerhalb der kleine Zoo und die 2 km entfernte, berühmte ****Cueva de Altamira** (s. S. 69).

 Oficina de Turismo, Jesús Otero 22, Tel. 942 81 88 12, www.santillana-del-mar.com

Busverbindungen: mehrmals tgl. nach Santander und Comillas.

 Parador de Santillana Gil Blas, Pl. Ramón Pelayo 11, Tel. 942 02 80 28, Fax 942 81 83 91, www.parador.es. Ein Palast aus dem 17./18. Jh. im stimmungsvollen Ortskern; stilvoll-komfortable Zimmer; Restaurant mit Regionalküche. ○○○

■ **Salldemar**, Avda. Marcelino Sautuola 6, Tel. 942 84 01 80, Fax 942 24 13 16, www.hotelsalldemar.es. Moderneres 2-Sterne-Haus, alle Zimmer mit Bad. Günstige Tarife zwischen November und Ostern. ○–○○

■ **Carmen**, Barrio Castillo 5, Tel. 942 81 82 55, www.hospedaje carmen.es. Einfache, aber mit Liebe zum Detail eingerichtete Pension. ○

 Los Blasones, Plaza de la Gandara 8, Tel. 942 81 80 70. Exquisites Traditionsrestaurant, Fisch- und Fleischgerichte, Käse. Jan–März Betriebsferien. ○○–○○○

 Gebäck, Wildschweinwurst und Pasteten gibt es in den Feinkostgeschäften der Innenstadt.

*Comillas ㉞

Comillas (3000 Einw.) birgt überraschende Beispiele des katalanischen Jugendstils: die ehemalige **Bischöfliche Universität,** die Joan Martorell 1883 entwarf, und den **Palast des Marqués de Comillas,** in dessen Park Antoni Gaudí um 1884 den verspielten Pavillon ***El Capricho** schuf. Einen Besuch wert ist neben der Plaza Mayor und dem schmucken Hafen der Friedhof mit einigen Jugendstilgräbern.

ℹ️ **Oficina de Turismo,** Plaza Joaquín del Piélago 1, Tel. 942 72 25 91, Fax 942 72 00 37, www.turismocomillas.com

Busverbindungen: u. a. nach Santillana del Mar, Santander.

🏠 **Josein,** Manuel Noriega 27, Tel. 942 72 02 25, Fax 942 72 09 49, www.hoteljosein.com. Solide 2-Sterne-Qualität. Meerblick von allen Zimmern, einfaches Interieur. ⭘⭘

🍴 **El Capricho de Gaudí,** Barrio de Sobrellano, Tel. 942 72 03 65.

Experimentell wie die Architektur ist auch die Zubereitung der frischen Meeresfrüchte. Im Winter So abends und Mo geschl. ⭘⭘⭘

Kleine Badeorte

Hinter Comillas liegen die weiten Dünenstrände Oyambre, Jerra und Merron, die zu einer Badepause verführen. Der Urlaubs- und Fischerort **San Vicente de la Barquera ㉟** (5000 Einw.) schmiegt sich an die Mündung des Río Escudo. Auf dem Hügel der Altstadt erhebt sich die festungsartige Kirche Santa María aus dem 13./14. Jh. auf dem Hügel der Altstadt.

ℹ️ **Oficina de Turismo,** Avenida Generalísimo 20, Tel. /Fax 942 71 07 97, www.sanvicentedelabarquera.org

🏠 **Hostal Orion,** La Revilla, Tel. 942 71 15 83, www.hostalorion.com. Klein und heimelig; ca. 3 km außerhalb auf einer Anhöhe im Grünen gelegen; gut für Gäste mit eigenem Kfz. ⭘

2

Karte Seite **70**

Nach kurzer Fahrt in westlicher Richtung erreicht man **Unquera.** Der Ort kann außer ein paar schönen nahen Stränden eine bekannte Süßigkeit vorweisen: die *corbatas* (»Krawatten«) aus Blätterteig und Schokolade.

 Don Pablo, Pechón (östlich von Unquera), Tel. 942 71 95 00, Fax 942 71 95 23, www.donpablohotel.com. Freundlich, geschmackvoll eingerichtet. ○–○○
▌**Posada Mellante,** Pechón, Tel./Fax 942 71 94 71, www.posada mellante.es. Rustikales Landhaus mit 13 Zimmern. ○

 **Picos de Europa

Von Unquera aus führt die N 621 in den kantabrischen Teil der Picos de Europa, ein abwechslungsreiches Szenarium zwischen sattgrünen Bergwiesen und hohen, schroffen Felswänden. Der Weg nach Fuente Dé (67 km) führt durch die fast 25 km lange Schlucht Desfiladero de la Hermida zur Kirche ***Santa María de Lebeña** aus dem Jahr 925. Sie gilt als wichtigstes mozarabisches Bauwerk Kantabriens. Zeittypisch sind die Hufeisenbögen im Innern.

Über das Städtchen **Potes** ❻ mit seinem Turm Torre de Infantado aus dem 15. Jh. gelangt man zum 1005 m hoch gelegenen Bergsteigerzentrum **Fuente Dé,** wo eine Kabinenseilbahn in drei Minuten weitere 800 m bis zum ****Mirador El Cable** hinaufgleitet (tgl. 9–20, Winter 10–18 Uhr; bei starken Winden außer Betrieb!). Die karge Felslandschaft ist im Sommer ein beliebtes Touristenziel; mehrere Wanderwege stehen zur Wahl. Löst man eine einfache Fahrt, kann man über das »Refugio de Aliva« (1667 m) in 3 Std. nach Espinama zurückwandern. Vorsicht vor möglichen Wetterwechseln!

 Oficina de Turismo, Plaza de la Serna, Potes, Tel. 942 73 07 87, Fax 942 73 21 28, www.liebanaypicosdeeuropa.com

 Parador de Fuente Dé, Tel. 942 73 66 51, Fax 942 73 66 54; www.parador.es. Neben der Seilbahnstation, komfortabel und gemütlich. Mit gutem Restaurant. ○○
▌**Hotel del Oso,** Cosgoya (Valle de Liébana), Carretera Potes–Fuente Dé, Tel. 942 73 30 18, Fax 942 73 30 36; www.hoteldeloso.es. Ein echtes Tophotel, im landestypischen Stil aus Bruchstein und Holz erbaut. ○–○○
Camping: La Viorna, Cta. de Santo Toribio, Potes, Tel. 942 73 20 21, www.campinglaviorna.com. Schön gelegen, Außenpool. April– Okt.

Die Spitzen Europas

Den Namen Picos de Europa sollen Seefahrer erfunden haben, die sich an den »Spitzen« bei der Heimfahrt orientierten. Kein Wunder, ragen in der Bergwelt dieses größten Nationalparks Europas zwischen Asturien, Kantabrien und Kastilien/León doch so hohe Berge wie Torre Cerredo (2648 m), Torre de Llambrión (2642 m) und Torre de la Palanca (2614 m) auf. Die prächtige Gebirgslandschaft unterscheidet sich von dem übrigen Kantabrischen Gebirge durch ihre majestätisch wirkenden Kalksteinberge mit ausgewaschenen Höhlen, unterirdischen Flüssen und eine geradezu üppige Vegetation. Das Wanderparadies ist besonders im September ein Genuss, wenn Regen und Nebel seltener werden.

Tour 3

Apfelwein und einsame Buchten

Llanes → **Picos de Europa (asturischer Teil) → *Oviedo → *Costa Verde → *Luarca → Navia/Castro de Coaña (ca. 195 km)

Auf dieser Fahrt durch Asturien lernen Sie das geschichtsträchtige Cangas de Onís kennen, die »Wiege der spanischen Monarchie«, Sie können durch die spektakuläre Garganta de Cares wandern, den berühmten Blauschimmelkäse direkt an seinem Herkunftsort kosten und Sidra (Apfelwein) dazu trinken. Es erwarten Sie vorgeschichtliche Höhlen, die charmante Altstadt von Oviedo und in der Umgebung der Hauptstadt des Fürstentums Asturien einzigartige Bauwerke des frühen Mittelalters. Nach dem Kulturgenuss lädt die Costa Verde, die zu Recht als grüne Küste bezeichnet wird, zum Baden ein.

Llanes ❽

Umgeben von zahlreichen schönen Strandbuchten liegt die teilweise arg verbaute Fischerstadt (14 000 Einw.) am Rande der Sierra de Cuero mit ihrem höchsten Berg, dem 1315 m hohen Turbina. Die historische Bedeutung von Llanes erkennt man gut beim Spaziergang auf dem Paseo de San Pedro: Es sind Reste eines Kastells und der mittelalterlichen Stadtmauer, die unter Alfonso IX – zeitgleich mit der ***Kirche Santa María del Conceyu** – im 13. Jh. entstanden sind.

i **Oficina de Turismo,** Alfonso IX, La Torre, Tel. 985 40 01 64, Fax 985 40 19 99, www.llanes.com

La Posada de Babel, La Pereda, Tel. 985 40 25 25, Fax 985 40 26 22, www.laposadade babel.com. Schöne Unterkunft mit Gebirgskulisse. Stilvolle Zimmer. Nov.–Anfang März geschl. ○○

La Marina, am Hafen, Tel. 985 40 00 12. Restaurant in Schiffsform. Gehobene Küche, viel Meeresfrüchte. Juni–Sept. tgl., sonst Fr–So; Jan.–Febr. geschl. ○○–○○○

3

Karte
Seite
70

Ribadesella ❸❽

Die Stadt (6000 Einw.) an der Mündung des Río Sella besticht durch den alten Hafen, die Tavernen und einen weiten Sandstrand. Anfang August zieht alljährlich ein renommiertes Kajakrennen viel Publikum an.

In den nahe gelegenen ***Cuevas de Tito Bustillo** können über 18 000 Jahre alte Felszeichnungen bestaunt werden (Führungen April–Sept. Mi–So 10 bis 16.30 Uhr, sonst geschl.; begrenzte Besucherzahl; Tel. 902 19 05 08).

i **Oficina de Turismo,** Paseo Princesa Letizia, Tel. 985 86 00 38, www.desdeasturias.com

*Cangas de Onís ❸❾

Die Weiterfahrt in den asturischen Teil der ****Picos de Europa** führt über Cangas de Onís (4000 Einw.). Der legendäre erste König Asturiens, der Westgote Don Pelayo, gründete hier 718 die vorübergehende – und vor den Mauren versteckte – Hauptstadt der Region. Das christliche Kleinkönigreich wurde zur Keimzelle der Reconquista. Dies symbolisiert bis heute ein Siegeskreuz am hohen ***Puente Románico,** der über den Río Sella führt. Ebenfalls sehenswert ist die **Ermita de la Santa Cruz** (15. Jh.) mit einem Dolmen aus der Bronzezeit.

5 km östlich von Cangas haben sich in der ***Cueva del Buxu** über 10 000 Jahre alte Zeichnungen von Pferden und Hirschen erhalten. Da Besichtigungen auf 25 Personen pro Tag beschränkt und nur Mi–So möglich ist, muss man sich vorab telefonisch einen Termin geben lassen (Tel. 608 17 54 67; Info bei der Oficina de Turismo in Cangas de Onís, Tel./Fax 985 84 80 05, www.cangasdeonis.com).

Parador de Cangas de Onís, Monasterio de San Pedro de Villanueva, Tel. 985 84 94 02, Fax 985 84 95 20, www.parador.es. Etwas außerhalb, Luxus pur in einem alten Kloster, mit Spitzenrestaurant. ○○○

***Arenas de Cabrales** ⓜ

Käseliebhabern und Freunden spektakulärer Wanderungen ist ein Abstecher in die Käsehochburg Arenas de Cabrales (25 km östlich von Cangas de Onís) zu empfehlen, in der ein berühmter Blauschimmelkäse hergestellt wird. Der *cabrales* reift mehrere Monate bei einer Luftfeuchtigkeit von 90 %. Problematisch ist der Transport. Luftdicht verpackt, verdirbt er kurz nach dem Öffnen; andernfalls ist er schnell ein echtes Geruchsproblem. Genießen Sie ihn darum lieber vor Ort!

****Garganta de Cares** ⓝ

Berühmt ist Arenas de Cabrales auch als Ausgangspunkt für Wandertouren, z. B. durch die Cares-Schlucht: Sechs

Kilometer südlich von Arenas erreicht man den Ort **Poncebos,** am Beginn einer spektakulären Wanderroute durch die die Garganta de Cares. Ein 12 km langer, relativ ebener und leicht begehbarer Pfad führt durch Tunnel und über schmale Stege am Río Cares entlang bis nach Caín. Dieser Ort gehört bereits zur Provinz León. Für Hin- und Rückweg muss man mit 6 bis 7 Stunden rechnen.

Unter den weiteren Wandermöglichkeiten ab Poncebos lohnt sich der kurze, steile Aufstieg zum **Mirador Camarmeña** mit Blick auf den 2519 m hohen Naranjo de Bulnes (einfach 30 Min.).

Oficina de Turismo, Ctra. General s/n; nur im Sommer; Tel. 985 84 64 84, www.cabrales.org

Picos de Europa, Calle Mayor, Tel. 985 84 64 91, Fax 985 84 65 45, www.hotelpicos deeuropa.com. Das beste Hotel vor Ort mit gemütlichen Zimmern, Garten, Terrasse und Außenpool. ○
▌ **Los Ángeles,** Barrio El Palacio, Tel. 985 84 68 08, Fax 985 84 67 58, www.picosdeuropa.net/losangeles. Kleines 2-Sterne-Landhotel, beliebter Stützpunkt für Naturfans. Günstige Tarife v. a. in der Nebensaison. ○

 ****Picos de Europa**

*Covadonga ⓞ, der einstige Ausgangspunkt der Reconquista am Fuß der asturischen Picos de Europa, ist heute ein beliebter Wallfahrtsort. Im Mittelpunkt steht die **Cueva Santa** (»Heilige Höhle«), eine Felsgrotte mit dem Grab des Fürsten Pelayo und einer Statue der Schutzpatronin Asturiens, La Santina genannt (18. Jh.).

Vom Lago de Enol bieten sich herrliche Wandermöglichkeiten

Im Heiligtum von Covadonga wird die Patronin Asturiens verehrt

3
Karte
Seite
70

Oberhalb befindet sich die neoromanische doppeltürmige Basilika von Roberto Frasinelli.

Von hier aus führt eine streckenweise beängstigend schmale und steile Asphaltstraße 12 km hinauf zu den Bergseen ****Enol** und **Ercina.** Die beiden Gletscherseen in karstigem Panorama liegen dicht beieinander in über 1000 m Höhe. Zunächst erreicht man den Enol-See, am Ercina-See endet die Straße. Bei gutem Wetter genießt man einen herrlichen Weitblick über die asturische Bergwelt bis hin zum Meer. Die Seen bilden Ausgangspunkte für schöne Wanderungen.

Abstecher nach *San Salvador de Valdediós ㊸

Für die Weiterfahrt nach Oviedo kann man die N 634 wählen und – sofern man auf die Besichtigung Gijóns verzichtet – erst wieder bei Cudillero zur Küste vorstoßen. Wer die Küstenstraße Richtung Gijón einschlägt, kommt an den Siedlungen La Vega und La Isla sowie dem Fischerort Lastres mit seinem denkmalgeschützten Ortskern vorbei.

Freunde des Apfelweins sollten in **Villaviciosa** ㊹ Halt machen. Die Stadt mit ihren zahlreichen Tavernen gilt als führend in der Sidra-Produktion. Den Besuchern bleibt es wahrscheinlich ein Rätsel, wie man Sidra mit erhobenem Arm so treffsicher in die hauchdünnen Gläser gießen kann.

Ob Nationalstraße oder Küstenweg, ein Abstecher nach San Salvador de Valdediós lohnt sich. Etwa 9 km südwestlich von Villaviciosa steht die frühromanische Kirche neben einem Zisterzienserkloster aus dem 13. Jh. in einem abgelegenen, friedlichen Tal. Die kleine, 893 erbaute dreischiffige Kirche mit den geschwungenen Steingitterfenstern ist ein echtes Glanzstück der Frühromanik.

Gijón ㊺

Die Hauptstadt der Costa Verde stellt mit 280 000 Einwohnern die größte Hafenstadt der asturischen Küste dar. In den Industrieanlagen (insbesondere Schwerindustrie), die die Stadt umgeben, wird ein Viertel der gesamten asturischen Produktion erzeugt. Der lange Sandstrand **San Lorenzo,** der Sporthafen, Plätze und Paläste wie der **Palacio Revillagigedo** (18. Jh.) ziehen im Sommer zahlreiche Gäste an.

Den Kern der arkadenreichen Altstadt bilden die **Plaza Mayor** und, etwas oberhalb davon, die **Plaza Jovellanos.** Auf der Halbinsel Santa Catalina liegt das ehemalige, nunmehr denkmalgeschützte Fischerviertel **Cimadevilla** mit engen Gassen und urigen Kneipen.

Eine Attraktion ist das etwas außerhalb gelegene ***Museo Etnográfico Pueblo de Asturias,** ein nachgebautes asturisches Dorf, das man u. a. über den Strand Lorenzo erreicht. Außer Bauernhäusern, Getreidespeichern, und landwirtschaftlichen Geräten kann man dort auch ein Dudelsack-Museum besichtigen (Di–Sa 10–13, 17 bis 20, So 11–14, 17–19 Uhr; im Sommer Di–Sa 11–13.30, 17–21, So 11–14, 17 bis 20 Uhr; http://museos.gijon.es).

i **Oficina de Turismo,** Puerto Deportivo, Dársena de Fomento, Tel. 985 34 17 71, Fax 985 35 63 57, www.gijon.info

Flughafen: Siehe Oviedo, S. 77.
Bahnhof: Renfe-Station in der Avda. Juan Carlos I s/n, Tel. 902 24 02 02.
Busbahnhof: Alsa, Magnus Blikstad 2, Tel. 902 42 22 42; fährt zahlreiche Orte und den Flughafen an.

Parador del Molino Viejo, Parque de Isabel la Católica, Tel. 985 37 05 11, Fax 985 37 02 33, www.parador.es. Modernes Luxushotel in einer alten Mühle; romantische helle Zimmer. ○○○
▌ **Plaza,** Prendes Prado 2, Tel./Fax 985 34 65 62, www.hostalresidenciaplaza.com.

Im südlichen Zentrum gelegen, einfache Zimmer mit Bad und TV. ○

Casa Víctor, Carmen 11, Tel. 985 35 00 93. Typische Sidra-Bodega. So Ruhetag. Di abends und Mitte Dez.–Mitte Jan. geschl. ○○–○○○

*Oviedo ㊻

Der wirtschaftliche und kulturelle Mittelpunkt Asturiens (210 000 Einw.) liegt rund 25 km vom Meer entfernt. An der Peripherie haben sich Schwerindustrie, Chemie- und Textilfirmen angesiedelt. Plätze wie Plaza de Alfonso II und Plaza Mayor, nette Gassen mit einladenden Lokalen und ein hübscher Stadtpark verleihen ihr dennoch viel Charme.

Die alte Universitätsstadt mit einer lebhaften Studentenszene blickt auf eine wechselhafte Geschichte zurück. Im 9. Jh. wurde sie das Zentrum des westgotischen Königreichs Asturias und Keimzelle der Reconquista. In dieser Zeit entstanden auch die frühromanischen Kirchen der Umgebung, die heute zum Weltkulturerbe zählen.

Später wurde die Region von den kastilischen Herrschern zum Fürstentum erhoben. Traditionell trägt der spanische Thronfolger den Titel »Fürst von Asturien« *(príncipe de Asturias).*

Mit der Industrialisierung wuchs die organisierte Arbeiterschaft, die im Spanischen Bürgerkrieg entschlossenen Widerstand gegen Franco leistete. Bis heute sind die Gewerkschaften und der linke Flügel der PSOE sehr aktiv.

Mitten in der Stadt lädt der schön angelegte, 60 000 m² große ***Parque de San Francisco** zu einem Spaziergang im Grünen ein. Hinter dem Platz befindet sich das **Teatro Campoamor,**

3
Karte Seite 70

in dem auch Konzerte, Ballett und Opern aufgeführt werden (Diecinueve de Julio s/n, Tel. 985 20 75 90).

Durch die Calle Tartiere kommt man zur ***Catedral de San Salvador** an der hübschen Plaza de Alfonso II, die von alten Stadtpalästen gesäumt ist. Die im wesentlichen spätgotische Kathedrale entstand ab 1376. Im Gegensatz zu den gewohnten Zweiturmfassaden ragt hier nur ein 82 m hoher Turm auf – nach der Fertigstellung des Südwestturms im 16. Jh. war für einen zweiten Turm kein Geld mehr da.

Die Kathedrale birgt die Gräber asturischer Könige und die ***Cámara Santa** aus dem 9. Jh., eine »Heilige Kammer« mit besonders wertvollen Schätzen der Regenten. Herausragend ist eine Agattruhe sowie das edelsteinbesetzte Engelskreuz ***Cruz de los Ángeles** aus dem Jahr 808, ein Geschenk von Alfonso II el Casto. Rundherum zeigt sich Oviedos Altstadt gut überschaubar.

Die malerische **Plaza Daoiz y Velarde** ist für ihre Freiluftmärkte bekannt, in der Markthalle **Mercado Fontán** südwestlich der **Plaza Mayor** bekommt man regionale Produkte, vom Sidre bis zum Blauschimmelkäse. Beliebt unter Studenten sind die Bars zwischen Kathedrale und Plaza Mayor, in den Sidrerías wird der Apfelwein stilecht mit erhobenem Arm in hauchdünne Gläser gegossen.

Von der Kathedrale aus erreicht man in nur wenigen Gehminuten das Monasterio de San Vicente in der Calle San Vicente, in dem das ***Museo Arqueológico** untergebracht ist. Ausgestellt sind prähistorische, römische und romanische Funde (bei Redaktionsschluss wegen längerer Renovierung geschl.).

Daneben erhebt sich die **Iglesia de Santa María la Real de la Corte** aus der Spätrenaissance, an die sich wiederum das von Alfonso II el Casto (791–842) gegründete Convento de San Pelayo anschließt. Kirche, Turm und Kloster wurden im 16. bis 18. Jh. errichtet.

Es ist bei einem Turm geblieben: die Kathedrale von Oviedo

Wenige Schritte südöstlich der Kathedrale liegt das **Museo de Bellas Artes** in der Calle Santa Ana 1. In dem Palast aus dem 18. Jh. hängen Gemälde der Renaissance und des Barock. Darüberhinaus sind Werke asturischer Maler wie Orlando Pelayo, Paulino Vicente und Vaquero Palacios zu sehen (Di–Fr 10.30–14, 16.30–20.30, Sa 11.30 bis 14 und 17–20, So 11.30–14.30 Uhr; im Sommer Di–Sa abends bis 21 Uhr; www.museobbaa.com; Eintritt frei).

i **Oficina de Turismo,** Marqués de Santa Cruz s/n, Tel. 985 22 75 86, Fax 985 21 30 66, http://turismo.ayto-oviedo.es

Flughafen: Der Flughafen **Asturias** liegt westlich von Avilés (47 km von Oviedo) in Rañón, Tel. 985 12 75 00,

regelmäßige Busverbindungen mit der Gesellschaft Alsa (www.alsa.es), auch ab/bis Gijón.
Bahnhof: Estación del Norte am Ende der Calle Uria, Tel. 902 24 02 02; u. a. Gijón, Logroño, Pamplona.
FEVE-Bahnhof, Calle Uria, Tel. 985 98 17 00; zu den Küstenorten.
Busverbindungen: Busbahnhof in der Calle Empresario Pepe Cosmen s/n.

Reconquista, Gil de Jaz 16, Tel. 985 24 11 00, Fax 985 24 60 11, www.hoteldelareconquista.com. Oviedos edelstes Hotel. ○○○
❚ **Santa Clara,** Santa Clara 1, Tel. 985 22 27 27, Fax 985 22 87 37, www.hscoviedo.com. Funktionale Unterkunft am Altstadtrand. ○
❚ **Confort,** Joaquina Bobela 3, Tel. 985 11 85 56, Fax 985 11 29 48, www.hotelconfort.net. Kleines Zwei-Sterne-Hotel mit 22 Zimmern, Garagenplatz kostet extra. ○

Del Arco, General Zubillaga 1, Tel. 985 25 55 22. Spitzenrestaurant, gutes Weinsortiment. So geschl. ○○○
❚ **El Raitán,** Plaza de Trascorrales 6, Tel. 985 21 42 18. Traditionelle asturische Küche. So abends und Di geschl. ○○○
❚ **RQR,** Cimadevilla 16, Tel. 985 20 36 94. Einfache Gerichte, mitten in der Altstadt gelegen. ○

Kirchen bei Oviedo

Nachdem der innerspanische Kreuzzug (Reconquista) gegen die Mauren erfolgreich verlaufen war, entwickelte sich im 8. Jh. eine Bauperiode, die einzigartige frühmittelalterliche Sakralbauten hervorbrachte. In ihrer Gesamtheit zählen die präromanischen Kirchen Asturiens zum Weltkulturerbe der UNESCO. In Oviedos Umgebung kann man gleich fünf interessante Kirchen miteinander vergleichen.

Da ihre Öffnungszeiten häufig wechseln, unbedingt beim Tourismusbüro in Oviedo erfragen!

Etwas nordöstlich von Oviedos Kathedrale, an der Ausfallstraße nach Gijón, trifft man auf ***San Julián de los Prados.** Die von Alfonso II el Casto gegründete Kirche, auch »Santullano« genannt, entstand ab 812 in 30-jähriger Bauzeit. Im Innern sind vor allem die Wandmalereien wertvoll.

Ebenfalls während der Regierungszeit von Alfonso II el Casto (791–842) entstanden die Kirche **Santa María de Bendones,** die Reste von Wandmalereien birgt (6 km südöstlich an der N 635), und die kleine **Iglesia de Nora,** die wunderschön am Río Nora liegt (13 km westlich an der N 634). Ihr dreischiffiges Langhaus ähnelt San Julián de los Prados.

Zwei der eindrucksvollsten frühromanischen Bauwerke Spaniens stehen nur 300 m voneinander entfernt auf dem Berg Naranco, 2 km nordwestlich von Oviedo. ****Santa María de Naranco** war ursprünglich als Profanbau geplant. Wohl in der zweiten Hälfte des 9. Jhs. wurde das zu einem Palast der asturischen Könige gehörende Gebäude in ein Gotteshaus umgewandelt. Der zweistöckige Bau mit offenen Vorräumen und einer doppelläufigen Freitreppe an der Nordseite ist Nationaldenkmal. Im Obergeschoss beeindruckt der mit einer Gurttonne eingewölbte Hauptraum durch seine harmonische Gliederung.

Etwas oberhalb liegt ****San Miguel de Lillo.** Die ehemalige Palastkapelle (um 848) ist nur noch zu einem Drittel erhalten. Sie wurde stilgerecht wieder aufgebaut, als sie im 13. Jh. einstürzte.

3
Karte
Seite
70

Ursprünglich Teil eines Königspalasts: Santa María de Naranco

San Miguel de Lillo wurde ebenfalls um die Mitte des 9. Jhs. erbaut

3

Karte Seite 70

*Costa Verde

*Cudillero ㊼

Die Costa Verde macht gleich hinter der Industrieregion um Gijón und Avilés mit zahlreichen Sandbuchten und Dörfern ihrem Namen (»grüne Küste«) alle Ehre. Wirklich malerisch präsentiert sich als erster Fischerort Cudillero. Die farbenfrohen Häuser sind kunterbunt an einen steilen Hang gebaut. Im Ort mit seinen teuren, aber guten Fischrestaurants hat man einen eigenen Tanz *(perlindango)* und einen eigenen Dialekt *(pixueto)* entwickelt. Der nächste Strand, **Playa de Aguilar,** liegt drei Kilometer östlich.

*Luarca ㊽

Die 18 000-Einw.-Stadt, Hauptort der waldreichen Landschaft Valdés, gilt vielen Spaniern als schönster Küstenort Asturiens. Herrlich in der Schlucht des Río Negro gelegen, brachte es Luarca vor allem durch das Geld zurückgekehrter Emigranten aus Lateinamerika zu Reichtum. Neben dem Leuchtturm liegen Kirche und Friedhof oberhalb der Bucht wie auf der Lauer. Das Wappen des Hafenstädtchens erinnert an seine Vergangenheit als Walfängerstation.

ℹ Oficina de Turismo, Caleros 11, Luarca, Tel. 985 64 00 83, www.turismoluarcavaldes.com

Villa de Luarca, Calle Alvaro de Albornoz 6, Tel. 985 47 07 03, Fax 985 64 26 95, www.hotelvilladeluarca.com. Freundliches 3-Sterne-Hotel, zu Beginn des 20. Jhs. im Geschmack jener Zeit erbaut. Halber Preis in der Nebensaison. ○–○○

Villa Blanca, Avenida de Galicia 25, Tel. 985 64 10 35. Meeresfrüchte aller Art, von Tintenfischen *(calamares)* bis Hummer *(bogavante)*. Im Winter Mo Ruhetag, Nov. Betriebsferien. ○○–○○○

❚ Sport, Calle Rivero 9, Tel. 985 64 10 78. Seit über 40 Jahren eine Institution, Spezialität: Meeresfrüchte. In der Nebensaison Mi und So abends sowie Jan. geschl. ○○–○○○

*Castro de Coaña ㊾, (1. Jh.) auf einem Hügel bei Navia gehörte zu den wichtigsten Keltensiedlungen in Nordspanien. Die fast 100 Grundmauern kreis- und elipsenförmiger Häuser sind sehr gut erhalten (Di bis Fr 11–15, Sa/So 11–13.30, 16–17, Sommer Di–So 11–14, 16–19 Uhr).

Tour 4

Von den Rías Altas ans Ende der Welt

Ribadeo → **Mondoñedo → **Betanzos → *A Coruña → **Costa da Morte → *Fisterra (ca. 230 km)

Rau und abwechslungsreich präsentieren sich die Rías Altas, die von Ribadeo bis A Coruña reichen. Die Wassertemperaturen sind niedriger als an den Rías Baixas, dafür findet man wunderschöne, tief eingeschnittene Buchten, die oft menschenleer sind. Zu den Höhepunkten der Fahrt entlang Galiciens Nordküste gehören die Playa de las Catedrales bei Ribadeo und die gläserne Stadt A Coruña. Spektakulär ist der immer steiler werdende Weg entlang der Todesküste bis zum »Ende der Welt« (Fisterra). Wer Meeresfrüchte mag, ist in den Tavernen der kleinen Fischerorte an der richtigen Adresse. Nirgends sonst bekommt man percebes (Entenmuscheln) so frisch und günstig!

Ribadeo ⑳

Der Grenzort (9000 Einw.) zu Asturien liegt an einer geradezu futuristischen Brücke. Etwas für das Auge sind der aus Eisen und Glas konstruierte Jugendstilturm **Torre de los Morenos** und das klassizistische **Rathaus** an der Plaza de España im Zentrum der Stadt. Auch ein Spaziergang zu den Cafés am kleinen Hafen lohnt sich.

Der Hausstrand Ribadeos ist zu klein, um mit den Stränden wenige Kilometer westlich konkurrieren zu können. Besonders der herrliche Sand-strand ***Playa de las Catedrales** (»Kathedralenstrand«) bei Ribadeo verführt zu einer Badepause.

ℹ️ Oficina de Turismo,
Dionisio Gamallo Cierros 7
Tel. 982 12 86 89, Fax 982 12 08 09,
www.ribadeoturismo.com

🏠 Parador de Ribadeo,
Amador Fernández 7,
Tel. 982 12 88 25, Fax 982 12 83 46;
www.parador.es. Modernes, sehr komfortables Haus.○○–○○○

🍴 A Dorada do Cantábrico, Virgen del Camino 14, Tel. 982 12 96 16. Gepflegte Regionalküche, Meeresfrüchte in Hülle und Fülle. Mi Ruhetag. ○○–○○○

**Mondoñedo ㉛

Die alte Bischofsstadt (7000 Einw.) ist ein mittelalterliches Schmuckstück mit weiß getünchten, wappengeschmückten Häusern. Kunsthistorisch von Rang ist die **Kathedrale Santa María de la Asunción** an der Plaza de España. Portal und Kirchenschiff stammen noch aus dem 13. Jh., die gotische Rosette wurde nach einem Großbrand im Jahre 1425 in den Bau integriert, die barocken Türme kamen im 18. Jh. dazu. Gut erhalten sind die gotischen Wandmalereien im Inneren.

Die Kirche beherbergt seit 1969 das größte galicische ****Museum für sakrale Kunst.** Mitarbeiter zeigen das kuriose Sammelsurium von Pfarrer Santos San Cristobál Sebastián: bischöfliche Schuhe, alte Schatztruhen, eine Schwarzwalduhr, gregorianische Noten und chinesische Tischchen. Seine selbst gemalten Mondoñedo-Bilder hat der Pfarrer gleich mit in das Museum gehängt. Bei dem Museums-

4
Karte Seite 90

Blick auf San Andrés de Teixido in der Sierra de la Capelada

4
**Karte
Seite
90**

rundgang hat man Einblick in den Kreuzgang und ein Bischofsgemach (Zugang vom Innern der Kathedrale; Di–So 9–13, 16.30–19.15 Uhr).

i **Oficina de Turismo,** Plaza de la Catedral 14, Tel./Fax 982 50 71 77, www.mondonedo.net

🏠 **Montero,** Eladio Lorenzo 7, Tel. 982 52 17 51, Fax 982 50 71 85. Zweckmäßiges Hotel (1 Stern) mit 17-Zimmern. ○

⭐ Auf dem Weg nach Viveiro liegt bei Cervo der winzige Ort **Sargadelos,** der hauptsächlich aus der **Real Fábrica de Cerámica** besteht. Hier gehen neben farbenfrohem Geschirr geheimnisvolle Keramikamulette (Tierköpfe und Handzeichen) über den Ladentisch. Um den Hals getragen schützen die Verkaufsschlager angeblich gegen den bösen Blick und Liebesentzug (www.sargadelos.com).

Viveiro ㊾

Im Stadtzentrum von Viveiro (16 000 Einw.) stößt man auf Reste einer mittelalterlichen Stadtmauer. Beachtung verdient das Renaissanceportal der romanischen Kirche **Santa María del Campo** (12. Jh.), von der aus in der Karwoche eine der größten Prozessionen in der Küstenregion beginnt. Schöne verglaste Häuserfassaden können Sie bei einem Bummel entlang der Hafenpromenade sehen.

i **Oficina de Turismo,** Avenida Ramón Canosa s/n, Tel. 982 56 08 79, Fax 982 56 11 47, www.viveiro.es

🏠 **Ego,** Playa de Área, Tel. 982 56 09 87, Fax 982 56 17 62, www.hotelego.com. Etwas außerhalb, von Viveiro, strandnah gelgen; geräumige Zimmer. ○○–○○○

🍴 **Nito,** Playa de Área, Tel. 982 56 09 87. Gourmettempel; Spezialitäten: neben Steinbutt und Entenmuscheln *(percebes)* exzellentes Fleisch aus der Region. Gehört zum Hotel Ego. ○○○

Rund um das Cabo Ortegal ㊿

Wenn man die C 642 in Richtung Betanzos fährt, geht es ab Ponte de Mera Richtung Cariño. Von hier aus erreicht man – allerdings nicht mit öffentlichen

Beim Mittelalter-Fest in Betanzos gibt es auch einen Keramikmarkt

4
Karte
Seite
90

Verkehrsmitteln – die ***Serra da Capelada** (span.: Sierra de la Capelada). An der bis 620 m hohen Steilküste erlebt man eine karge Landschaft, in der plötzlich zwischen Pinien Wildpferde auftauchen können.

12 km von Cariño entfernt liegt an der Küste der Wallfahrtsort ***San Andrés de Teixido ㉞**, wo am 8. September eine *Romería* zu Ehren des Heiligen stattfindet (s. S. 9).

Die Stadt **Ferrol** (85 000 Einw.) besitzt eine bedeutende Werftindustrie und ist ein Marinestützpunkt.

Pontedeume ㉟

Das hübsche Städtchen (9000 Einw.) ist nach einer mittelalterlichen Brücke über den Río Eume benannt und war Sitz des Adelsgeschlechts der Andrade, die im 13. Jh. den Verteidigungsturm bauen ließen.

Der Stadtkern mit hübschen Arkadenhäusern ist Fußgängern vorbehalten. Die Bewohner treffen sich abends auf den Terrassen vor der 800 m langen Brücke oder vergnügen sich in der »Weinzone« der Gassen Real, Dos Freires und Virtudes.

Eumesa, Avda. de A Coruña s/n, Tel. 981 43 09 25, Fax 981 43 10 25, www.agalicia.com/hoteleumesa. Angenehmes Mittelklassehotel in der Ortsmitte, angemessene Preise. ○–○○

Brasilia, Avda. de A Coruña s/n, Tel. 981 43 02 49. Traditionelle galicische Küche, zu der reichlich Meeresfrüchte gehören; zwei Menüs zur Auswahl. So abends geschl. ○○

Klöster bei Pontedeume

Auf der LC 152, 12 km am Río Eume entlang, gelangt man von Pontedeume zum **Kloster Caaveiro ㊱**, das inmitten eines Naturparks mit schönem Mischwald liegt. Vom Parkplatz führt ein Fußweg (10 Min.) zu den efeuüberwucherten Klosterruinen (10. Jh.).

Ein etwas weiterer Ausflug 20 km von Pontedeume führt auf landschaftlich reizvoller Strecke zum **Monasterio de Monfero ㊲**. Das von Zisterziensern im 12. Jh. gegründete, romanische Kloster wurde vom Escorial-Architekten Juan de Herrera im 16. Jh. erneuert. In der weiten Anlage lebten bis zur Aufhebung des Klosters im Jahre 1834 Zisterziensermönche. Danach verfiel das Bauwerk zur Ruine.

**Betanzos ㊳

Im Stadtzentrum besitzt Betanzos (13 000 Einw.) geradezu ritterliche Klasse. Innerhalb der Stadtmauern spaziert und speist man unter Arkaden, mit Blick auf herrschaftliche Häuser, ein klassizistisches Rathaus und nicht zuletzt auf die Reste des Klosters **San Francisco.** In der Klosterkirche (1387) ist das Grab des Stifters, Graf Fernán Pérez de Andrade, zu sehen:

ein *Sarkophag mit der Liegefigur des Grafen in Ritterrüstung, getragen von Bär und Eber, den Wappentieren des mächtigen Geschlechts der Andrade.

Ein anderer berühmter Sohn der Stadt war Juan García Naveira (1849 bis 1933). Um 1900 legte der steinreiche Weltenbummler, der sein Glück in Argentinien gemacht hatte, außerhalb des Zentrums den verspielten **Parque de Pasatiempo** an. In dem Park ließ Naveira durch antike Mythen, biblische Legenden, exotische Tiere und Zeppeline in Zement seine Mitmenschen an seiner Weltsicht teilhaben.

Über die A 9 erreicht man nach 25 km A Coruña, Galiciens »gläserne Stadt«.

🛈 **Oficina de Turismo,** Praza de Galicia 1, Tel. 981 77 66 66, Fax 981 77 65 29, www.betanzos.es

🏠 **Garelos,** Alfonso IX 8, Tel. 981 77 59 22, Fax 981 77 59 33, www.hotelgarelos.com. 2-Sterne-Hotel mit 22 geschmackvoll eingerichteten, gut ausgestatteten Zimmern, Frühstück inklusive. ○–○○

🍴 **La Casilla,** Avda. de Madrid 90, Tel. 981 77 01 61. Deftige Küche, z. B. Kutteln mit Kichererbsen, Seekrake oder Seehecht; Auch Tagesmenü. So abends, Mo geschl. ○–○○

A Coruña ㊹

Man nennt sie Galiciens »Stadt aus Glas«, *ciudad de cristal:* A Coruña, spanisch La Coruña (250 000 Einw.). Die luftigen Glasveranden, die ihr den Beinamen gaben, spiegeln die Freude am Handeln wider, einen Hang zu Toleranz und Liberalität. Im Gegensatz zu vielen anderen Städten Galiciens haben hier weder der Adel noch die Kirche je eine bedeutende Rolle gespielt. So findet man in A Coruña auch keine Kathedrale. Im Hafen brach 1588 die »unbesiegbare« Armada zur Invasion Englands auf, scheiterte und musste sich bald der Schiffskanonen des angreifenden Sir Francis Drake erwehren. Bei der Verteidigung half insbesondere eine Fleischersfrau namens María Pita, die Flotte Drakes in die Flucht zu schlagen. Ihr ist das große Stadtfest im August und der Name des schönen Rathausplatzes gewidmet: **Plaza de María Pita.** Beliebter Ausgangspunkt für eine Besichtigungstour sind die fotogenen **Galerías,** die lichten Glasveranden an der hafennahen Avenida de la Marina. Dort liegt auch der von den Einheimischen gern frequentierte Park *Jardines de Méndez Nuñéz. In der gepflegten Anlage ist ein Monument zu Ehren der Dichterin Emilia Pardo Bazán (1851–1921) zu sehen, die in ihrem Buch »La madre naturaleza« (»Die Mutter Natur«) das Thema Inzest aufgriff und ihre Landsleute schockierte. Bevor man in die Altstadt aufbricht, lohnt sich ein Abstecher in die Gassen Agua und Franja mit ihren vielen Restaurants.

Zwischen der Plaza de María Pita und dem Hafengelände breitet sich A Coruñas **Altstadt** über eine vorgelagerte Halbinsel. Sportboote, Frachtschiffe und die weite Bucht sind zum Greifen nah. Im historischen Viertel findet man ruhige Gassen, kleine Plätze und drei beachtliche Kirchen: Santiago, Santa María del Campo und Santa Bárbara. Die **Iglesia de Santiago,** bereits 1217 in einem Dokument erwähnt, ist das älteste Gotteshaus der Stadt. Von der ehemals dreischiffigen Basilika ist nur noch das Hauptschiff mit drei romanischen Apsiden zu sehen. Beachtlich ist der Figurenschmuck am Haupt- und Nordportal

4
Karte
Seite
90

sowie der barocke Hauptaltar. Die **Iglesia de Santa María del Campo** entstand ab Mitte des 13. Jhs. als spätromanisch-gotische Kirche an der höchsten Stelle der Altstadt. Im Tympanon des Westportals sind Maria und die Heiligen Drei Könige zu sehen, auf dem Platz davor eine gotische Betsäule *(cruceiro)*. An einem der vielen kleinen Plätze, der ***Plazuela de Santa Bárbara,** steht die spätgotische ***Iglesia de Santa Bárbara.** Rundherum geht es still und beschaulich zu.

Ein Blick von der Altstadt auf den Hafen bietet sich vom kleinen Stadtgarten **Jardín San Carlos:** Von hier aus sind die Reste der Stadtmauer und das vorgelagerte Castillo de San Antón aus dem 16./17. Jh. zu sehen. In der Burg ist das ***Museo Arqueológico e Histórico** untergebracht, das u. a. Exponate aus Bronze- und Römerzeit

Von der Torre de Hércules genießt man einen weiten Rundblick

zeigt (Di–Sa 10–19, So 10–14.30 Uhr, Sommer 10–21, So 10–15 Uhr).

Zwischen Hafenbecken und Orzán-Bucht schiebt sich A Coruñas große Halbinsel, die sich problemlos mit Bus oder Rad oder Straßenbahn umrunden lässt. An der nördlichsten Stelle, der Weite des Meeres zugewandt, erhebt sich das Wahrzeichen der Stadt: die ***Torre de Hércules,** ein 50 m hoher Leuchtturm mit 242 Stufen. Die Römer erbauten ihn im 2. Jh. zu Zeiten Trajans, im 18. Jh. wurde er umfassend restauriert (tgl. 10–18, Sommer Mo bis Do, So 10–21, Fr/Sa 10–24 Uhr).

Südlich vom Herkulesturm führt die Küstenstraße zur ***Casa del Hombre (Domus),** einem interaktiven Museum rund um die Menschheitsgeschichte (Santa Teresa; tgl. 10–19, Sommer 11–21 Uhr). Ebenfalls einen Besuch wert ist das ****Aquarium Finisterrae,** wo sich Rochen und Haie tummeln (Paseo Marítimo; Mo–Fr 10 bis 19, Sa/So 10–20, Sommer tgl. 10 bis 21 Uhr). Promenaden säumen die nahen **Stadtstrände Orzán** und **Riazor.** Etwas außerhalb liegt im Parque de Santa Margarita das »Haus der Wissenschaften«: ****Casaciencias.** Hier

Torre de Hércules

Aus einer mittelalterlichen Chronik von Alfonso X dem Weisen geht hervor, dass es sich bei dem Turm um eine Schlachttrophäe handelt. Demnach entdeckte Herkules bei seiner Ankunft in Spanien, dass der Gigant Gerion seine Vasallen aufs Übelste quälte. Drei Tage und drei Nächte brachte Herkules am Ufer des Meeres zu, bis es ihm gelang, dem Tyrannen den Kopf abzuschlagen. Den Schädel nutzte der Grieche als Fundament für einen Turm, der an seine Heldentat erinnern sollte. An dessen Spitze leuchtete seither über Jahre eine Kerze, die – durch einen Spiegel reflektiert – den Seefahrern Orientierung gab.

4

Karte Seite 90

lassen sich interaktiv die Welten der Physik erleben – samt Planetarium (tgl. 10–19, Sommer 11–21 Uhr).

Für Domus – Casa del Hombre, Aquarium Finisterrae und Casaciencias gibt es ein ermäßigtes **Kombiticket.** Nicht inklusive sind aber das Imax-Kino (Domus) und das Planetarium (Casa de las Ciencias). Infos: www.casaciencias.org

Oficina de Turismo, Plaza de María Pita, Tel. 981 18 43 40, www.coruna.es

Flughafen: Aeropuerto de Alvedro, 8 km südlich, Tel. 981 18 73 15; tgl. nach Madrid und Barcelona.
Bahnhof: Estación de San Cristóbal, Joaquín Planells s/n, Tel. 902 24 02 02; Verbindungen u. a. nach Bilbao, Vigo, Madrid und Santiago de Compostela.
Busbahnhof: Estación de Autobuses, Caballeros 21, Tel. 981 18 43 35; mehrmals tgl. nach Santiago.

Hesperia Finisterre, Paseo del Parrote 2–4, Tel. 981 20 54 00, Fax 981 20 84 62, www.hesperia.com. Modernes 5-Sterne-Hotel am Hafen mit 92 Zimmern und allen Annehmlichkeiten. ○○○
▌ **Plaza,** Av. Fernández Latorre 45, Tel. 981 29 01 11, Fax 981 29 02 11, www.hotelplaza.info. Mehrstöckiges funktionales 3-Sterne-Haus mit Restaurant. ○○
▌ **España,** Juana de Vega 7, Tel. 981 22 45 06, Fax 981 20 02 79, www.hotespa.com. 2-Sterne-Hotel im Zentrum mit modern-zweckmäßigen Zimmern. ○

A la Brasa, Juan Flórez 38, Tel. 981 27 07 27. Meeresfrüchte, Fisch und Fleisch vom Grill *(a la brasa)*. ○○○

▌ **La Penela,** Plaza de María Pita 12, Tel. 981 20 92 00. Ein verführerischer Querschnitt der traditionellen galicischen Küche. So Ruhetag. ○○–○○○
▌ **Ricardo,** Calle Comandante Barja 8, Tel. 981 91 85 82. Galicische Küche; Spezialitäten: fangfrischer Fisch, auch Lamm und Entrecôte. Der Service dürfte etwas freundlicher sein. Mo Ruhetag. ○○

Abends ist in der Altstadt und im Bereich der kleinen Gassen wie Olmo und Franja östlich der Plaza de María Pita viel los. In der Zone Santa Cristina gibt es einige Diskotheken.

10 km von A Coruña entfernt liegt ein romanisches Kleinod: die völlig intakte **Iglesia de Cambre.** Die der Gottesmutter Maria geweihte Kirche erreicht man über die N 555 Richtung Santiago de Compostela bis O Burgo, ab dort ist der Weg ausgeschildert. Der eigenwillig konstruierte Bau aus dem 12. Jh. besitzt trotz seines kleinen Umfangs einen Chorumgang und fünf halbrunde Apsiden.

Costa da Morte

Ganz auf Töpferware eingestellt ist der kleine Ort **Buño** nordwestlich von Carballo. Es lohnt sich, die *alfarerías* (Töpfereien) in den Seitengassen zu besuchen. Hier wird Geschirr produziert, wie es die galicischen Familien verwenden.

Schon zu den größeren Orten an der Costa da Morte gehört **Malpica de Bergantiños** ⑳, ein nettes Städtchen (9000 Einw.), das deutlich vom Fischfang geprägt ist. Vom relativ großen Hafen aus fahren gelegentlich Boote

4
Karte
Seite
90

Der Hafen von Malpica an der zerklüfteten Costa da Morte

4

Karte
Seite
90

zu den vorgelagerten Sisargas-Inseln, die als Vogelparadies gelten.

Der Küstenort **Camariñas** ㉛ (7000 Einw.) mit einem kleinen Hausstrand ist vor allem durch seine fingerfertigen Spitzenklöpplerinnen berühmt geworden. Fünf Kilometer nordwestlich liegt das ***Cabo Vilán.** Das Kap mit seinem Leuchtturm bietet einen atem-beraubenden Blick auf die sturmumtoste Küste.

Auf einer Landzunge etwas außerhalb von Muxía steht eines der berühmtesten Heiligtümer Galiciens: das **Santuario de Nosa Señora da Barca** (17. Jh.). Hier soll der Legende nach die Gottesmutter mit einem steinernen Schiff gelandet sein, um den Apostel Jakobus bei seiner Missionstätigkeit zu unterstützen. Nahe der Wallfahrtskirche liegt ein 60 kg schwerer Stein, *pedra da abalar,* in dem der Volksglaube das Segel des wunderlichen Schiffs sehen will.

Von der Erscheinung Mariens und anderen Mirakeln erzählt Andreas Drouve in **Die Wunder des heiligen Jakobus** (Herder-Verlag).

Todbringende Küste

Die wilde, schöne **Costa da Morte** erstreckt sich von Malpica de Bergantiños bis nach Fisterra. Zu ihrem Namen – »Küste des Todes« – kam sie durch die vielen Schiffsunglücke, die sich immer wieder an den steilen Felsen ereigneten. Eine neue makabre Symbolik haftet dem Namen an, als nach der Havarie des Tankers »Prestige« Ende 2002 Unmengen ausgelaufenes Öls an die Costa da Morte trieben. Die Ölkatastrophe mag Geschichte sein, doch Experten befürchteten eine nachhaltige Schädigung des Ökosystems.

Am »Ende der Welt«

Der wohl typischste Winkel in ***Fisterra** ㉜ ist die Plaza Ara Solis. Die Römer, so heißt es, hätten an dieser Stelle einen Sonnenaltar entdeckt. Der Ort ist trotz seines Bekanntheitsgrads recht schmuck und klein geblieben. Besucher haben die Wahl unter einigen Tavernen und Restaurants. Ein Spaziergang entlang dem Fischerhafen und bis zur romanischen Iglesia Santa María das Áreas lohnt sich. Die Kirche war im Mittelalter das letzte Gotteshaus am Jakobsweg.

🏠 **Dugium,** San Salvador 1, Tel. 981 74 07 80, www.dugium. com. Kleines, freundliches Haus, nett eingerichtet, Frühstück inklusive. ○

🍴 **O Tearrón,** Calafigueira 1, Tel. 981 74 01 12. Schöne Terrasse mit Blick auf den Hafen. Viele Fischgerichte, recht einfach. ○

Wenige Kilometer trennen das Dorf Fisterra vom westlichsten Zipfel Spaniens, der im Mittelalter als äußerster Rand der Erdscheibe galt. So suchten Millionen von Santiago-Pilgern am Schluss ihrer Reise die Kirche Santa María de Finibus Terrae am »Ende der Welt« (kastilisch: Finisterre) auf.

⭐11 Von dem steilen Granitfelsen ***Cabo Fisterra** ㉟, den ein Leuchtturm krönt, genießen Schwindelfreie einen herrlichen Blick auf den weiten Atlantik.

Zum Abschluss der Tour empfiehlt sich ein Abstecher (15 km) in die Gegend um **Corcubión** ㉞. Der schmucke denkmalgeschützte Stadtkern versteckt sich hinter Betonklötzen. Trubel herrscht in dem ruhigen Städtchen nur am 16. Juli, wenn das Fest der hl. Carmen, der Schutzheiligen der Seeleute, gefeiert wird.

Ein beliebter Strand der Gegend ist die **Playa Langosteira.**

🏠 **Playa Langosteira,** Escaselas s/n, Fisterra, Tel. 981 70 68 30, Fax 981 70 68 31, www.hotelplaya langosteira.com. Modern und schnörkellos; 28 Zi., Frühstück inklusive. ○

Die Rías Baixas und das Hinterland

Carnota → *Muros → ***Santiago de Compostela → *Cambados → *Pontevedra → **Tui → *Ourense → Lugo (ca. 530 km)

Am siebten Tag, als Gott sich nach der Erschaffung der Welt erschöpft auf die Erde stützte, hinterließen die Finger seiner rechten Hand die galicischen Rías Baixas, so die Legende. Die tief eingeschnittenen Buchten zwischen der »Todesküste« und Portugals Grenze bilden oft windstille Badeparadiese und eignen sich hervorragend für die Muschelzucht. Diese Tour bietet Superlative: die größten Maisspeicher, die besten Weißweine, die komfortabelsten Landhäuser, das spektakulärste Keltendorf und die mit Abstand schönste Stadt Nordspaniens: Santiago de Compostela. Entsprechend hoch sind im Sommer die Besucherzahlen. Deutlich ruhiger wird es, sobald man entlang dem Miño-Fluss zur entlegenen Provinz Ourense reist.

5

Karte Seite 90

Carnota ㉟ und *Combarro

Die Attraktion des kleinen Dorfs Carnota nördlich von Muros ist sein ungewöhnlicher Maisspeicher: Mit 35 m Länge und 22 Stelzenpaaren ist der 1768 entstandene ***hórreo** nahe der Dorfkirche einer der längsten ganz Galiciens. Auf dem Weg nach Pontevedra kommt man auch an dem Fischerort Combarro vorbei, der ebenfalls für seine oft am Meer aufgestellten Maisspeicher bekannt ist. Typisch im Landschaftsbild sind auch die vielen Wegkreuze aus Granit *(cruceiros)*. In den urigen Tavernen von Combarro sollte man sich auf deftige Kost einstellen.

*Muros ⑥⑥

Wegen der Arkaden, der wappengeschmückten Adelshäuser, der verwinkelten Gassen und der spätgotischen Kirche San Pedro steht Muros (3000 Einw.) unter Denkmalschutz. Dank schöner Strände in der Umgebung ist es ein beliebter Ausflugsort, in dem es im Sommer etwas eng werden kann. Besonders belebt ist der Fischerhafen.

Punta Uía, Punta Uía/ Esteiro, Tel. 981 85 50 05, Fax 981 85 50 65, www.hotelpuntauia.com. Ansprechend-rustikales 2-Sterne-Landhotel in schöner Lage; zwei Restaurants. Zimmer ohne Terrasse *(sin terraza)* günstiger. ○–○○
Camping: San Francisco, Louro, Playa de San Francisco, Tel. 981 82 61 48, www.campinglouro.com. 200 m vom Strand. Ende Juni–Anfang Sept.

*Noia ⑥⑦

Ähnlich wie in Muros trifft man in Noia (16 000 Einw.) auf zahlreiche stolze Adelshäuser. Beachtlich ist die spätgotische Wehrkirche ***San Martiño,** deren Portal – mit den zwölf Aposteln und den musizierenden Ältesten – den Pórtico de la Gloria in Santiago de Compostela nachahmt. Noch berühmter ist die Kirche **Santa María la Nueva** aus der ersten Hälfte des 14. Jhs. mit einem *Friedhof, dessen rund 500 rätselhafte Grabsteine aus dem Mittelalter anstelle von Namen Zunftzeichen und schematische Bilder tragen.

Wer vor der Weiterfahrt auf der C 543 nach Santiago de Compostela (s. S. 49) eine Pause einlegen möchte, findet in der Nähe von Noia – vor allem gen Süden – viele Strände.

Padrón ⑥⑧

Der Legende nach ging in Padrón (10 000 Einw.) der Apostel Jakobus an Land, um Spanien zu missionieren. Heute ist die Kleinstadt auch aus einem anderen Grund bekannt. Ein galicischer Refrain verrät, wofür Padrón steht: *Os pementos de Padrón, uns pican, outros non.* (»Pfefferschoten aus Padrón – einige nicht scharf, andere schon«). Anfang August feiert man zu Ehren der Schote ein Erntefest.

Der kleine Ort war Geburts- bzw. Arbeitsstätte renommierter Literaten: 1916 wurde hier der Literaturnobelpreisträger Camilo José Cela geboren, der in seinem packenden Roman »Mazurka für zwei Tote« die Bürgerkriegszeit in Galicien beschreibt. Dem 2002 verstorbenen Romancier ist eine Stiftung mit einer angeschlossenen Dauerausstellung gewidmet: **Museo Fundación Camilo José Cela,** Calle Santa María 22 (Mo bis Do 10–14, 16–19 , Fr 10–14 Uhr; Führungen im Regelfall auf Spanisch; www.fundacioncela.com).

In Padrón lebte auch die Dichterin Rosalía de Castro, bekannt für ihre »Galicischen Gesänge« und den Roman »An den Ufern des Sar«. Ihr Wohnhaus ist heute ein Museum: die **Casa Museo Rosalía de Castro** (Di–Sa 10–13.30, 16–19 Uhr, Sommer bis 14 bzw. 20 Uhr; So immer 10–13.30 Uhr; www.rosaliadecastro.org).

Heidnische und christliche Symbolik – fica und Kreuz – vereint dieser galicische Maisspeicher

*Cambados ⑥⑨

Was der Rotwein für die Rioja ist, ist der Weißwein für die Gegend um Cambados. Hier wird der Albariño gekeltert, der beste Weißwein Spaniens. Mönche aus Cluny hatten einst die Traube mitgebracht. Die Zahl stattlicher Adelshäuser *(pazos)* im hübschen Ortskern lässt vermuten, dass man vom Wein nicht schlecht leben konnte. In der verkehrsberuhigten Innenstadt findet man mehrere Weinhandlungen. Da keine Strände in der Nähe sind, hält sich der Besucherandrang in Grenzen.

ℹ️ Oficina de Turismo, Praza do Concello s/n, Tel. 986 52 07 86, Fax 986 52 48 66, www.cambados.info

🏠 Parador del Albariño, Paseo Calzada s/n, Tel. 986 54 22 50, Fax 986 54 20 68; www.parador.es. Noble Unterkunft in einem ehemaligen Weinguthaus (17. Jh.), mit Garten und Restaurant. ○○—○○○

■ **Pazo A Capitana,** Sabugueiro 46, Tel. 986 52 05 13, Fax 986 54 22 43, www.pazoacapitana.com. Rustikale Landhaus-Unterkunft in einem Bau aus dem Spätmittelalter, in Stadtlage; 11 Zimmer. ○—○○

🍴 Casa Rosita, Av. Vilagarcía 8, Corvillón, Tel. 986 54 28 78. Typisch galicische Küche, zu der Meeresfrüchte und ein guter Albariño gehören. So abends geschl. ○○

O Grove ⑦⓪

Der kleine Küstenort (11 000 Einw.) ist berühmt für seine Meeresfrüchte und die umliegenden Strände, darunter die weite **Praia A Lanzada** im Süden. Die Kombination aus kulinarischen

TOUREN 4 UND 5

0   20 km

ATLANTISCHER

OZEAN

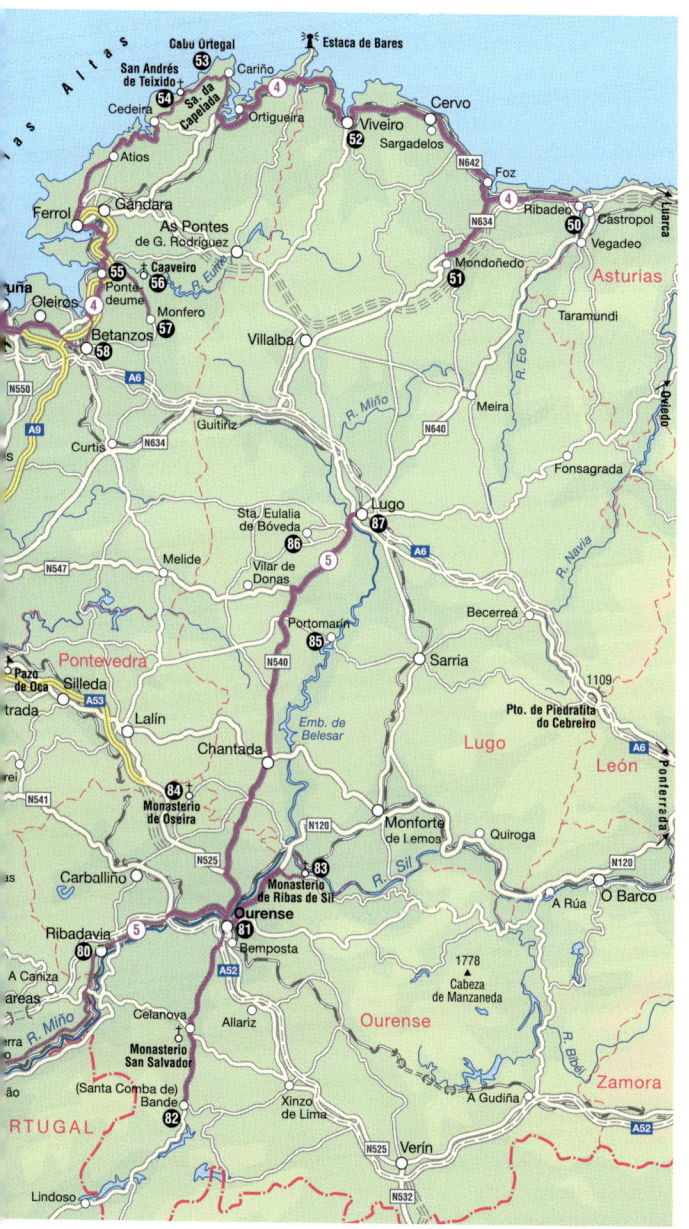

Genüssen, goßer Unterkunftsauswahl und Badefreuden hat sich längst auch außerhalb Galiciens herumgesprochen. Das **Acquarium Galicia** mit rund 1500 Meerestieren ist ebenfalls sehenswert (Punta Moreiras; Sommer tgl. 10–21, sonst nur Fr–So 10–20 Uhr; www.acquariumgalicia.com).

Die vorgelagerte Insel **A Toxa** (La Toja), die mit dem Festland durch eine Brücke verbunden ist, besitzt ein Thermalhotel, einen Park und eine mit Jakobsmuscheln geschmückte *Kapelle.

Rapa das Bestas – Pferde bändigen

Mirador Ría de Arousa,
Reboredo 89, Tel. 986 73 18 99, Fax 986 73 06 48, www.miradorriade arosa.com. Hotel von verlässlicher Qualität; mit Restaurant, Cafeteria und Disko, Außenpool. ○–○○

Sanxenxo ⑦ und Poio ⑦

Sanxenxo (16 000 Einw.) verfügt über zahlreiche Unterkünfte, Diskos und Restaurants. Von hier aus kann man mit der Fähre in ca. 30 Minuten zur *Illa de Ons mit ihren kleinen Sandstränden übersetzen (nur während der Oster- und Sommerferien).

Vier Kilometer vor Pontevedra liegt auf einer Anhöhe das **Benediktinerkloster von Poio**, ein monumentaler Renaissancebau mit barocken Elementen. Seine Mönchsgemeinschaft wird jedoch immer kleiner, Nachwuchs ist kaum mehr in Sicht. Gäste können im Kloster preiswert speisen und übernachten (Tel. 986 77 00 00, www.mercedarios.com; ○).

*Pontevedra ⑦

Die freundliche Provinzhauptstadt mit 80 000 Einwohnern steht wirtschaftlich im Schatten Vigos. Im Gegensatz zu der großen Hafenstadt besitzt Pontevedra im Stadtkern jedoch ein attraktives Ensemble aus schönen Monumenten, stillen Gassen und herausgeputzten Patrizierhäusern. Nördlich der *Ruinen von Santo Domingo an der Praza España (14. Jh.) liegt die Praza da Peregrina mit der kuriosen

Rapa das Bestas

In den Gebirgsregionen von Pontevedra und A Coruña werden ab Ende Mai bis Ende Juli halbwilde Pferde die Berge hinuntergetrieben und eingepfercht. Um ihnen Mähne und Schwanz zu stutzen *(rapa das bestas)* und sie mit Brandzeichen zu markieren, müssen die Tiere in Pferche *(curros)* geführt und dort gebändigt werden – ein schwieriges Unterfangen. Pferde, die teilweise noch nie Kontakt mit Menschen hatten, bäumen sich entsprechend gegen ihre Bändiger auf. War das Wochenendspektakel zunächst ein einfaches Dorffest, wird es inzwischen zunehmend kommerzialisiert. Die meisten Tiere werden nach der Rapa wieder in die Freiheit entlassen.

5
Karte
Seite
90

*Capilla de la Virgen Peregrina. Die barocke Kirche bildet im Grundriss eine Jakobsmuschel nach. Im Inneren findet man eine Darstellung Mariens als *peregrina* im Gewand der Jakobspilger.

An der angrenzenden zentralen und weiten Praza da Herrería liegt in der Nachbarschaft vieler Cafés die **Iglesia de San Francisco** (Anfang 14. Jh.), an der eine hübsche Rosette auffällt. Das frühgotische Portal (1229) ist Relikt eines Vorgängerbaus. Der wohl schönste Platz der Stadt ist aber die ****Praza da Leña** mit einem barocken *cruceiro* (Wegkreuz). Hier befindet sich auch das auf mehrere Häuser verteilte ****Museo Provincial** mit archäologischen Funden, Schiffsmodellen, flämischer, italienischer und spanischer Malerei (16./17. Jh.), Lithographien von Goya und bissigen Zeichnungen des Politikers Castelao sowie einer Sammlung Azabache, Gagatsteinen (Juni–Sept. Di–Sa 10–14.15, 17–20.45, Okt.–Mai Di–Sa 10–13.30, 16.30–20, So immer 11–14 Uhr). Im Westen der Altstadt liegt die dreischiffige Säulenbasilika **Santa María la Mayor,** die im 15. Jh. von Seeleuten gestiftet wurde.

i **Oficina de Turismo,** General Gutiérrez Mellado 1 b, Tel. 986 85 08 14, Fax 986 84 81 23, www.riasbaixas.org

Bahnhof: Eduardo Pondal s/n; mehrmals tgl. nach Santiago.
Busbahnhof: Rúa da Estación s/n; u. a. nach Cangas, Santiago de Compostela.

Parador de Pontevedra, Barón 19, Tel. 986 85 58 00, Fax 986 85 21 95, www.parador.es. Stilvoll wohnen in einem Renaissancepalast, der mit seinem Garten eine Oase in der Altstadt bildet. Exzellentes Restaurant mit gediegener Atmosphäre. ○○–○○○

▌ Madrid, Andrés Mellado 5, Tel. 986 86 51 80, Fax 986 85 10 06, www.hotelmadrid.org. Einfaches Hotel am Rand der Altstadt. ○

Alameda 10, Alameda 10, Tel. 986 85 74 12. So geschl. Unter den Einheimischen beliebtes Restaurant. Raffinierte Zubereitungen, gute Weinauswahl. ○○○

Península de Morrazo

Von Pontevedra aus hat man die Wahl, auf der Autobahn nach Vigo weiterzufahren oder einen Umweg über die Península de Morrazo zu machen: Der Fischerhafen **Cangas de Morrazo** ⑫ gilt seit Jahrhunderten als Hexenzentrum Galiciens. Türkische Piraten hatten 1619 den Fischerort überfallen und dabei gemordet und vergewaltigt. Als daraufhin einige Frauen den Verstand verloren, wurden sie von der Inquisition als Hexen verurteilt und auf dem Scheiterhaufen verbrannt. An weiße und schwarze Magie glaubt man zwar auch andernorts, aber nirgendwo sonst in Nordspanien gibt es so viele selbst ernannte Hexen wie hier. Vorsichtshalber engagieren Fischer die *meigas,* damit sie mit ihrem Zauber die Boote vor den Gefahren des Meeres schützen. Von Cangas setzen im Sommer Boote zu den Islas Cíes über (s. S. 94), die zusammen mit den Islas de Ons den **Nationalpark Islas Atlánticas de Galicia** bilden.

Wenige Kilometer westlich von Cangas liegt **Hío** mit dem berühmtesten Wegkreuz Spaniens. Den **cruceiro* gegenüber dem romanischen Portal der Kirche San Andrés schuf ein Steinmetz aus Pontevedra im 19. Jh. aus einem einzigen Granitblock.

5
Karte
Seite
90

Vigo besitzt den bedeutendsten Fischereihafen Spaniens

Vigo ⑮

Vigo (300 000 Einw.) besitzt einen der größten Fischereihäfen der Welt sowie eine beachtliche Automobil- und Werftindustrie. Auch bei Urlaubern beliebt ist der Hausstrand Playa Samil. Von der Befestigungsanlage **Castillo de Castro** (17. Jh.) aus hat man einen weiten Blick über die größte Stadt Galiciens und die nach ihr benannte Ría (Bucht). Charmant ist das alte Fischerviertel Berbés mit der zentralen Calle Real, wo sich zahlreiche Bodegas und Restaurants niedergelassen haben. Am Anfang der Rúa Real liegt die klassizistische **Kathedrale Santa María.** An dieser Stelle gab es bereits zwei Vorgängerbauten, der gotische Neubau brannte jedoch Ende des 16. Jhs. nieder.

In Richtung Hafen gelangt man zum **Mercado A Pedra** (Markt), wo in der Austerngasse Rúa da Pescadería unter freiem Himmel Austern *(ostras)* im Dutzend verkauft werden.

Am südwestlichen Stadtrand erstreckt sich der Stadtpark **Parque Quiñones de León** mit dem Amphitheater und dem Palast Pazo de Castrelos. Das kurz **MARCO** genannte Museum für Zeitgenössische Kunst präsentiert Wechselausstellungen in der Calle Príncipe 54 (Di–Sa 11–21, So 11 bis 15 Uhr; www.marcovigo.com).

Richtung Baiona findet man viele schöne Strände.

Oficina de Turismo, Avenida Cánovas del Castillo 22, Tel. 986 43 05 77, Fax 986 43 00 80, www.turismodevigo.org

Flughafen: Peinador, ca. 10 km entfernt, Tel. 986 26 82 00. Inlandflüge.
Bahnhof: Praza da Estación s/n, Tel. 902 24 02 02; Santiago, Ourense.
Busbahnhof: Estación de Autobuses, Avda. de Madrid 57, Tel. 986 37 34 11; Santiago, Bilbao, auch international.
Schiffsverbindungen: Estación Marítima de la Ría, Tel. 986 22 52 72; u. a. zu den Cíes-Inseln (45 Min.).

Pazo de los Escudos, Avenida Atlántida 106, Tel. 986 82 08 20, Fax 986 82 08 00, www.pazolos escudos.com. Stilvoller Stadtpalast aus dem 19. Jh. Schöne Blicke auf die Ría, Restaurant. ○○○
❚ **El Águila,** Victoria 6, Tel. 986 43 13 98, Fax 986 43 49 55, www.hotelaguila.com. Kleines Haus im Stadtzentrum mit gutem Preis-Leistungs-Verhältnis. ○

La Oca, Purificación Saavedra 8, Tel. 986 37 12 55. Sa/So geschl. Hervorragende baskisch-galicische Küche. ○○○

*Islas Cíes ⑯

Lediglich 45 Minuten dauert die Überfahrt von Vigo zu den Islas Cíes (nur in den Oster- und Sommerferien möglich). Die Inseln innerhalb der Ría de Vigo sind in den Nationalpark Islas Atlánticas eingefasst. Die südliche **Isla de San Martiño** ist ein Vogelreservat

5
**Karte
Seite
90**

Die riesige Keltensiedlung auf dem Monte de Santa Tecla

und daher nicht zu besichtigen. Die **Isla de Monteagudo** bietet einige kleine Bars und schöne Spaziergänge, u. a. zum 173 m hohen Monte Faro mit einem Leuchtturm und Resten eines keltischen Castros.

Camping: Illas Cíes, Ría de Vigo, Tel. 986 43 83 58, Fax 98622 75 57, www.campingislascies.com; Reservierung vorab erforderlich. Geöffnet Ostern und Mitte Juni–Mitte Sept.

 ****Baiona ⑰**

Baiona (span. Bayona) erfuhr als erster Ort in ganz Europa von der Entdeckung Amerikas, da hier 1493 die Karavelle »La Pinta«, das erste der drei Schiffe von Christoph Kolumbus, einlief. Das historische Ereignis wird Anfang März mit einem zünftigen Mittelalter-Fest (Festa da Arribada) gefeiert. Die einst bedeutende Hafenstadt hat sich aufgrund ihrer Lage und der relativ warmen Wassertemperaturen im Sommer zu einem beliebten Urlaubsort entwickelt, worauf die zahlreichen Restaurants und Hotels bereits hinweisen. Die kleine Altstadt bietet gute Einkehrmöglichkeiten; besonders in der Calle Ventura Misa. Rund um den Hafen und um den Burg-

berg ziehen sich ausgedehnte Promenaden – spätestens dort lassen sich Kalorien abtrainieren. Unter den Einheimischen beliebt ist der kleine Strand unterhalb der Burg.

ℹ️ **Oficina de Turismo,** Paseo da Ribeira s/n, Tel. 986 68 70 67, Fax 968 35 74 74, www.baiona.org

🏠 **Parador de Baiona,** Castillo de Monte Real, Tel. 986 35 50 00, Fax 986 35 50 76, www.parador.es. Weitläufig, mit großem Park und Wehrmauer. Schöne Poollandschaft und traumhafte Blicke. ○○○

🍴 **Naveira,** Alférez Barreiro 8, Tel. 986 35 80 86, www.restaurantenaveira.com. Typisch galicische Küche seit 1943. Reichlich Krustentiere, auch Fleisch und Meeresfrüchte-Paella. ○—○○

A Guarda ⑱

Jahrhundertelang fungierte A Guarda (10 000 Einw.) als »Die Wächterin« über den Grenzfluss zu Portugal. Die südlichste Stadt Galiciens mit ihrem netten Fischereihafen gilt als Hauptstadt der Langusten. Berühmt ist die nahe ****Keltensiedlung** (Poblado Pré-

5
Karte Seite 90

Der Miño – ein ruhiger Grenzfluss zwischen Galicien und Portugal

histórico) auf dem Berg Santa Tecla. Erhalten sind hier die Grundmauern von über 1000 Häusern aus dem 6. bis 3. Jh. v. Chr.

Noch älter sind einige Petroglyphen, die neben keltischen und römischen Funden im **Archäologischen Museum** auf dem Gipfel des Monte de Santa Tecla ausgestellt sind (Sommer Di–So 9.30–21 Uhr, sonst abends bis 19.30 Uhr, Dez./Jan. geschl.)

i **Oficina de Turismo,**
Plaza del Reloj,
Tel. 986 61 45 46, Fax 986 61 02 83,
www.concellodaguarda.com

****Tui** ⓭

Schon die festungsartig gebaute ***Kathedrale** aus dem 12. Jh. macht deutlich, dass die Bischofsstadt Tui (16 000 Einw.) während der Konflikte zwischen Kastilien und Portugal einigen Belagerungen standhalten musste. Das einfache romanische Nordportal kontrastiert mit dem reichen Figurenschmuck der ***Westfassade**, einem der besten Beispiele galicischer Gotik (14. Jh.). Von Tuis malerischer Altstadt bietet sich stellenweise ein groß-

artiger Blick auf die portugiesische Nachbarstadt Valença do Minho.

i **Oficina de Turismo,** Rúa
Colón 2, Tel./Fax 986 60 17 89,
www.concellotui.org

🏠 **Parador San Telmo,** Avda.
de Portugal, Tel. 986 60 03 00,
Fax 986 60 21 63, www.parador.es. In typisch galicischem Landhausstil gehalten, schöne Ausblicke, gutes Restaurant. ⃝⃝–⃝⃝⃝

***Ribadavia** ⓮

Auf dem Weg nach Ourense entlang dem Fluss Miño lohnt sich ein Halt in Ribadavia, einem mittelalterlich geprägten Ort mit einer denkmalgeschützten Altstadt. Bei der Puerta Nueva trifft man auf das ehemalige Judenviertel, in dem zahlreiche Juden, die primär im Weinhandel tätig waren, vom 12. Jh. bis zur brutalen Vertreibung aus dem Land (1492) zu Hause waren.

Noch heute lebt die kleine Stadt in erster Linie vom Wein Ribeiro und – so makaber es auch klingen mag – von der Sargproduktion.

5
Karte
Seite
90

*Ourense ㉛

Bereits bei den Römern war Ourense (110 000 Einw.), damals Aurium genannt, für sein Thermalwasser bekannt. Nach der Zerstörung durch Mauren 716 ließ Alfonso III Ourense wieder aufbauen. Im Mittelalter entwickelte sich die verkehrsgünstig gelegene Stadt zu einem prosperierenden Handelszentrum, was primär ein Verdienst der hier ansässigen Juden war. Mit ihrer Vertreibung, 1492 angeordnet von den Katholischen Königen, nahm die Blütezeit ein jähes Ende.

Herzstück der Stadt ist die Praza Mayor. Wenige Schritte davon entfernt erhebt sich die *Kathedrale San Martiño. Der Sakralbau entstand ab 1188 und enthält Stilformen von der Romanik bis zum Barock. Sein Pórtico del Paraíso (»Paradiestor«) ist eine detailgetreue Nachbildung des Pórtico de la Gloria in Santiago de Compostela. Im Innern sind der spätgotische Hochaltar, die barocke Capilla Santo Cristo sowie das Diözesanmuseum mit dem Kirchenschatz sehenswert (Sommer Mo–Sa 10–13, 16–19, sonst Mo–Sa 12 bis 13, 16–19 Uhr).

Über die Praza do Trigo erreicht man den ehemaligen Bischofspalast, in dem das **Museo Arqueológico Provincial** mit prähistorischen, römischen und mittelalterlichen Funden aus der Provinz untergebracht ist (bei Redaktionsschluss geschl.).

Sehenswert ist auch der nahe dem Bahnhof gelegene **Kreuzgang des Klosters **San Francisco**. Das Besondere an dem gotischen *claustro* aus dem 14. Jahrhundert sind die 120 verschiedenen Kapitelle.

Westlich der Stadt liegen die heißen Schwefelquellen **Las Burgas,** die schon die Römer zu schätzen wussten, und der über den Río Miño führende **Ponte Vella,** eine 37 m hohe römische Brücke, die im Mittelalter und danach mehrmals erneuert wurde.

ℹ **Oficina de Turismo,** Ed. Caseta de Legoeiro, Ponte Romana, Tel. 988 37 20 20, Fax 988 21 49 76, www.turismourense.com

Bahnhof: Avenida de Marín s/n; tgl. nach Santiago de Compostela, Vigo. **Busbahnhof:** Ctra. de Vigo s/n; nach A Coruña, Santiago, Pontevedra etc.

🏠 **Pazo de Bentraces,** Bentraces, Barbadás, Tel. 988 38 33 81, Fax 988 38 30 35, www.pazode bentraces.com. Gemütliche Landhaus-Unterkunft in ehem. Bischofssitz (15. Jh.), 7 km südwestlich von Ourense. 7 Zimmer. Jan. geschl. ○○
▌ **Gran Hotel San Martín,** Curros Enríquez 1, Tel. 988 37 18 11, Fax 988 37 21 38, www.gh-hoteles.com. 90 luxuriöse moderne Zimmer in einem Hochhausblock mit Fernsicht aus den oberen Etagen. ○○
▌ **Zarampallo,** Hermanos Villar 19, Tel. 988 23 00 08, www.zarampallo. com. Hotel und Restaurant mit gutem Preis-Leistungs-Verhältnis. Letzteres lohnt daher auch für Nicht-Hotelgäste den Besuch (So abends geschl.). ○

🍴 **Adega do Emilio,** Adega das Caldas 11, Tel. 988 21 91 11. Traditionelle galicische Küche, auch Tagesmenü. Mo Ruhetag. ○–○○

Klöster bei Ourense

In Celanova, 28 km südlich von Ourense (N 540), liegt das *Monasterio San Salvador. Von dem im 10. Jh. gegründeten Benediktinerkloster ist nur noch die mozarabische *Kapelle San Miguel aus dem Jahre 937 erhalten. Kloster und Klosterkirche wurden im

5

Karte Seite 90

Rast am klösterlichen Glockenturm

Laufe des 16. und 17. Jhs. neu erbaut, sodass die Anlage heute ein weitgehend barockes Äußeres besitzt.

Nach weiteren 20 km erreicht man die Kirche ***Santa Comba de Bande** ⑫ am Stausee Embalse das Cunchas. Die im 7. Jh. gegründete westgotische Kirche wurde nach der Zerstörung durch die Mauren im 9. Jh. erneuert. Der Grundriss des griechischen Kreuzes blieb bestehen. Im Innern tragen zwei Säulenpaare mit korinthischen Kapitellen die Hufeisenbögen.

25 km nordöstlich von Ourense liegt das romanisch-gotische ***Monasterio de Ribas de Sil** ⑬ mit wunderbaren Kreuzgängen in grandioser Landschaft über der Schlucht des Río Sil.

30 km nördlich wiederum befindet sich in der Gemeinde San Cristovo de Cea das ***Monasterio Santa María la Real de Oseira** ⑭, das im 12. Jh. von Zisterziensern gegründet wurde. Ein Großbrand verschonte nur die Kirche, die Klostergebäude wurden im 16. Jh. wieder aufgebaut. So gewaltig, dass die Anlage den Spitznamen »Escorial Galiciens« bekam (Führungen in der Regel tgl. außer So vormittags um 10, 11, 12, 15.30, 16.30 und 17.30 Uhr; Tel. 988 28 20 04).

Auf dem Weg nach Lugo

Die 93 km lange Strecke von Ourense nach Lugo ermöglicht drei interessante Abstecher: Kurz nach Narón führt eine Abzweigung (12,5 km) nach **Portomarín** ⑫ am Jakobsweg. Das alte Pilgerdorf am Stausee Belesar versank in den 1960er-Jahren in den Fluten und wurde weiter oberhalb teilweise wieder aufgebaut, auch die wehrhafte Kirche San Nicolás aus dem 13. Jh.

Nach wenigen Kilometern weiter auf der N 540 Richtung Lugo bietet es sich kurz hinter Lousadela an, zu dem winzigen Dorf **Vilar de Donas** zu fahren, das 12 km westlich der N 540 etwas abseits vom Jakobsweg liegt. 1184 ließen sich die Ritter des Santiago-Ordens hier nieder. Deshalb befinden sich in der ***Kirche San Salvador** mit romanischem Portal Gräber einiger Ordensritter. Die Fresken mit biblischen Themen schufen Nonnen *(donas)* im 15. Jh.

Folgt man 5 km vor Lugo dem Wegweiser nach Friol, erreicht man nach weiteren 10 km eine kleine Pfarrkirche namens ***Santa Eulalia de Bóveda** ⑮ (ausgeschildert), in der 1926 eine Krypta entdeckt wurde, die wohl auf die Römerzeit zurückgeht. Die Wände sind mit farbigen, gut erhaltenen geometrischen Ornamenten, Vögeln und Girlanden bemalt, die bisher nicht genau datiert werden konnten.

Lugo ⑰

Die verträumte, 465 m hoch gelegene Provinzhauptstadt Lugo (90 000 Einw.) blickt auf eine lange Geschichte zurück. Die Kelten nannten sie *Lug* (»Heiliger Wald«), die Römer machten sie zu einem strategisch wichtigen Stützpunkt. Damals entstand die über zwei Kilometer lange ****römische Stadtmauer,** die heute zum UNESCO-Weltkulturerbe gehört. Sie umschließt die gesamte Altstadt (Fußgängerzone), ist 8–12 m hoch, 4–7 m dick und besitzt 50 halbrunde Türme.

Eines der zehn Stadttore ist das Jakobstor, hinter dem sich die romanische ***Kathedrale Santa María** erhebt. Ihre Baugeschichte reicht vom 12. bis zum Ende des 18. Jhs., als die Kirche ihre strenge klassizistische Fassade bekam. Das Giebelfeld des romanischen Nordportals zeigt Christus in der Mandorla. In der ***Capilla de Nuestra Señora de los Ojos** verehren die Gläubigen Lugos Schutzpatronin, die »Heilige mit den großen Augen«. Die wuchtige Kapelle entstand 1726 als Werk von Fernando Casas y Novoa, der die Westfassade der Kathedrale von Santiago de Compostela gestaltete. Beachtlich ist der barocke Kreuzgang der Kathedrale.

Entlang des Bischofspalastes erreicht man die Altstadtgassen mit ihren Tavernen und Restaurants. Nordwestlich, an der Praza da Soldade, liegt das ***Provinzmuseum,** das teilweise im Konvent San Francisco (15. Jh.) eingerichtet ist. Dazu gehören Kreuzgang, Küche und Speisesaal. Das Museum zeigt archäologische Funde sowie moderne galicische Kunst von 1901 bis 1964 (Mo–Fr 10.30 bis 14, 16.30–20.30 Uhr, Sa 10.30–14 und 16.30–20 Uhr, So 11–14 Uhr, im Juli/Aug. Sa nachm. und So geschl.; Eintritt frei; www.museolugo.org).

i **Turismo de Lugo,** Praza Maior 27–29, Tel./Fax 982 23 13 61, www.lugoturismo.com

Rekordverdächtig: Lugos Stadtmauer

Busbahnhof: Praza da Constitución s/n, Tel. 982 22 39 85.
Bahnhof: Praza do Conde Fontao s/n, Tel. 902 24 02 02.

Gran Hotel Lugo, Avda. Ramón Ferreiro 21, Tel. 982 22 41 52, Fax 982 24 16 60, www.gh-hoteles.com. Bestes Haus am Ort, Restaurant und Spa. ○○–○○○

▐ **Puerta de San Pedro,** Río Neira 29, Tel. 982 22 23 81, Fax 982 24 01 95, www.hotelhusapuertadesanpedro.com. 3-Sterne-Hotelblock, modern-zweckmäßige Zimmer; gute Angebote online. ○○–○○○

▐ **Balneario de Lugo,** Barrio del Puente s/n, Tel. 982 22 12 28, Fax 982 22 16 59, www.balneariodelugo.com. Wellnesshotel mit zahlreichen Anwendungen und Spa-Programmen. Kundenfreundliche Preise. ○

La Barra, San Marcos 27, Tel. 982 25 29 20, So geschl. Traditionelle Gerichte. ○○○

Machen Sie auf der **Praza Maior** in einem der Terrassen-cafés Pause zum Tapas-Probieren.

5

Karte Seite 90

Infos von A–Z

Ärztliche Versorgung

Für Mitglieder einer gesetzlichen Krankenkasse hat in Spanien die Europäische Krankenversicherungskarte (EHIC) Gültigkeit. Bei deren Vorlage ist die ärztliche Versorgung in Krankenhäusern *(hospitales)* und Gesundheitszentren *(centros de salud)* kostenlos; Ausnahme: Zahnbehandlungen. Freie Arztwahl sowie Rückholung im Notfall garantiert allerdings nur eine private Auslandskrankenversicherung.

Diplomatische Vertretungen

(B: Botschaft,
HK: Honorarkonsulat)
❙ **Deutschland:** (B) Calle Fortuny 8, Madrid, Tel. 915 57 90 00, www.madrid.diplo.de;
(HK) San Vicente 8, Bilbo/Bilbao, Tel. 944 23 85 85; (HK) Fuenterrabia 15, Donostia/San Sebastián, Tel. 943 42 10 10; (HK) Avda. de Bilbao 39, Muriedas (Kantabrien), Tel. 942 25 05 43
❙ **Österreich:** (B) Paseo de la Castellana 91, Madrid, Tel. 915 56 53 15, www.aussenministerium.at/madrid; (HK) Calle Club 8 bajo, Las Arenas (Bilbao), Tel. 944 64 07 63
❙ **Schweiz:** (B) Calle Núñez de Balboa 35, Madrid, Tel. 914 36 39 60, www.eda.admin.ch/madrid; (HK) Calle de Telésforo Aranzadi 3, Bilbao, Tel. 944 70 43 60

Einreise

Für EU-Bürger entfällt die Passkontrolle, Personalausweis oder Pass müssen aber mitgeführt werden. Kinder bis 16 Jahre ohne eigenen Kinderausweis müssen im Pass der Eltern eingetragen sein. Schweizer benötigen bei der Ein- und Ausreise den Reisepass oder die Identitätskarte.

Elektrizität

Standard sind 220 Volt Wechselstrom.

Feiertage

1. Januar (Neujahrstag), 6. Januar (Hl. Drei Könige), 19. März (Josephstag), Karfreitag, 1. Mai (Tag der Arbeit), 29. Juni (Peter und Paul), 25. Juli (Jakobstag), 15. August (Mariä Himmelfahrt), 12. Oktober (Kolumbustag), 1. November (Allerheiligen), 6. Dezember (Tag der Verfassung), 8. Dezember (Mariä Empfängnis), 25. Dezember (Weihnachten). Zu diesen gesetzlich festgelegten landesweiten Feiertagen kommen weitere lokale und regionale. Unterschiedlich gehandhabt werden z. B. Gründonnerstag, Ostermontag und Fronleichnam.

Geld

In Spanien ist der Euro (€) Landeswährung, Fremdwährungen kann man in allen Banken und Wechselstuben tauschen. An Bankautomaten *(telebanco)* kann man mit EC-/Maestro-Karte und PIN in allen größeren Orten Geld abheben. Gängige Kreditkarten akzeptieren die meisten Hotels sowie Geschäfte und Restaurants mit entsprechendem Hinweis am Eingang.

Information

Auskünfte erhält man bei den Spanischen Fremdenverkehrsämtern:
❙ **Deutschland:** 10707 Berlin, Kurfürstendamm 63, Tel. 0 30/8 82 65 43, Fax 8 82 66 61; 40237 Düsseldorf, Grafenberger Allee 100, Tel. 02 11/6 80 39 81, Fax 6 80 39 85; 60323 Frankfurt/M., Myliusstr. 14, Tel. 0 69/72 50 38, Fax 72 53 13; 80051 München, Postfach 15 19 40, Tel. 0 89/530 74 60, Fax 53 07 46 20. Zentrale Prospektbestellung: Tel. 0 61 23/9 91 34, Fax 9 91 51 34.
❙ **Österreich:** 1010 Wien, Walfischgasse 8, Tel. 01/5 12 95 80, Fax 5 12 95 81.

▮ **Schweiz:** 8008 Zürich, Seefeld-
str. 19, Tel. 044/2 53 60 50,
Fax 2 52 62 04.
▮ **Internet:** www.spain.info

Notruf

Polizei *(policía)*, Feuerwehr *(bomberos)*
und Notarzt *(ambulancia):* Tel. 1 12.

Öffnungszeiten

▮ Die meisten **Geschäfte** öffnen 9.30
bis 13.30 Uhr und 16.30/17–20 Uhr,
in Ferienorten im Sommer auch bis
22 Uhr; große Einkaufszentren haben
Mo–Sa durchgehend geöffnet.
▮ **Banken** sind Mo–Fr zwischen
8.30/9 und 13.30/14 Uhr offen.
▮ **Postämter** in kleineren Ortschaften
haben meist Mo–Sa 9–13 Uhr geöffnet, in größeren Mo–Fr 9–14 und
16–18 Uhr (oft auch ohne Mittagspau-
se bis 20.30 Uhr), Sa nur vormittags.
▮ **Museen:** in der Regel 10–13 und 16
bis 19 Uhr; Montag ist meist Ruhetag,
So nachmittags häufig geschlossen.

Post

Briefmarken *(sellos)* erhält man bei
allen Postämtern *(correos)* oder in Tabakläden *(estancos)*, meist auch an
der Hotelrezeption. Postkarten und
Standardbriefe bis 20 g innerhalb Europas kosten 60 Cent.

Souvenirs

Jede der nordspanischen Regionen
hat ihre eigenen typischen Souvenirs.
Baskenland: Pelotaschläger und le-
derne Flaschenhüllen; **Navarra/La
Rioja:** Spargel und Rotwein; **Kastilien-León:** Schafskäse, Wein, Trocken-
würste; **Kantabrien:** Gebäck, Käse,
Holzclogs *(abarcas);* **Asturien:** Flecht-
arbeiten, Töpferwaren und Holzschu-
he *(madreñas);* **Galicien:** Gagatstein
(azabache), Klöppelspitzen, Weißwein
(Albariño, Ribeiro) und Tresterschnaps *(orujo).*

Telefon

Ferngespräche sind von öffentlichen
Telefonapparaten aus möglich, sowohl mit Telefonkarte *(tarjeta telefóni-
ca)*, die u. a. in Tabakläden und an Kio-
sken erhältlich ist, als auch mit
Münzen. Das **Handy** *(móvil)* funktio-
niert in Spanien in der Regel problemlos, über Roaming-Partner und -tarife
sollte man sich vorab informieren.
Spanische Handynummern beginnen
mit 6, teure Servicenummern mit 90.

Anrufe von Spanien aus: Man wählt
zunächst die Auslandsvorwahl 00,
nach dem Signalton dann die Landes-
vorwahl (Deutschland: 49, Österreich:
43, Schweiz: 41), die Ortsvorwahl
(ohne Null) und anschließend die
Nummer des Teilnehmers.

Anrufe nach Spanien: 00 34, dann
die Teilnehmernummer.

Trinkgeld

Trinkgeld *(propina)* ist für zufrieden-
stellende Serviceleistungen selbstverständlich. Kellner erhalten 5–10 % des
Rechnungsbetrages, Gepäckträger
0,50–1 € pro Koffer, Zimmermädchen
3–6 € pro Woche. In Bars und Cafés
lässt man ein paar Münzen auf dem
Wechselgeldteller liegen. Bei Taxifahr-
ten ist kein Trinkgeld üblich.

Zoll

Für Touristen aus EU-Staaten gibt es
keine Ein- und Ausfuhrbeschränkun-
gen, sofern die Waren für den Privat-
verbrauch bestimmt sind. Richtmen-
gen pro Person (volljährig): 800
Zigaretten, 400 Zigarillos, 200 Zigarren, 10 l Spirituosen, 90 l Wein.
Schweizer dürfen aus Spanien zollfrei
einführen: 2 l Wein, 1 l Spirituosen mit
mehr oder 2 l mit weniger als 15° Alkoholgehalt, 200 Zigaretten oder 100 Zigarillos oder 50 Zigarren. Souvenirs
sind bis zu einem Wert von 175 € bzw.
300 CHF pro Person zollfrei.

Langenscheidt Mini-Dolmetscher Spanisch

Allgemeines

Guten Tag.	Buenos días. [buenos **dias**]
Hallo!	¡Hola! [**o**la]
Wie geht's?	¿Qué tal? [ke tal]
Danke, gut.	Bien, gracias. [bjen **gra**θjas]
Ich heiße ...	Me llamo ... [me **lja**mo]
Auf Wiedersehen.	Adiós. [a**djos**]
Morgen	mañana [man**ja**na]
Nachmittag	tarde [**tar**de]
Abend	tarde [**tar**de]
Nacht	noche [**no**tsche]
morgen	mañana [man**ja**na]
heute	hoy [oi]
gestern	ayer [a**jer**]
Sprechen Sie Deutsch / Englisch?	¿Habla usted alemán / inglés? [**a**bla us**ted** ale**man** / in**gles**]
Wie bitte?	¿Cómo? [**ko**mo]
Ich verstehe nicht.	No he entendido. [no e enten**di**do]
Wiederholen Sie bitte.	Por favor, repítalo. [por fa**wor** re**pi**talo]
..., bitte.	..., por favor. [por fa**wor**]
danke	gracias [**gra**θjas]
Keine Ursache.	De nada. [de **na**da]
was / wer / welcher	qué / quién / cuál [ke / kjen / ku**al**]
wo / wohin	dónde / adónde [**don**de / a**don**de]
wie / wie viel / wann / wie lange	cómo / cuánto / cuándo / cuánto tiempo [**ko**mo / ku**an**to / ku**an**do / ku**an**to **tjem**po]
Warum?	¿por qué? [por **ke**]
Wie heißt das?	¿Cómo se llama esto? [**ko**mo βe **lja**ma **es**to]
Wo ist ...?	¿Dónde está ...? [**don**de es**ta** ...]
Können Sie mir helfen?	¿Podría usted ayudarme? [po**dria** us**ted** aju**dar**me]
ja	sí [βi]
nein	no [no]
Entschuldigen Sie.	Perdón. [per**don**]
Das macht nichts.	No pasa nada. [no **pa**βa **na**da]

Sightseeing

Gibt es hier eine Touristeninformation?	¿Hay por aquí cerca una información turística? [ai por a**ki** **θer**ka **u**na imforma**θjon** turí**sti**ka]

Ich möchte einen Stadtplan / ein Hotelverzeichnis.	¿Tiene un plano de la ciudad / una lista de hoteles? [**tje**ne um **pla**no de la θiu**dad** / **u**na **li**sta de o**te**les]
Wann ist das Museum geöffnet?	¿Cuándo está abierto el museo? [ku**an**do es**ta** a**bjer**to el mu**ße**o]
Wann ist die Kirche / die Ausstellung geöffnet? geschlossen	¿Cuándo está abierta la iglesia / la exposición? [ku**an**do es**ta** a**bjer**ta la i**gle**ßja / la espoßi**θjon**] cerrado [θe**rra**do]

Shopping

Wo gibt es ...?	¿Dónde hay ...? [**don**de ai]
Wie viel kostet das?	¿Cuánto cuesta? [ku**an**to ku**esta**]
Das ist zu teuer.	Es demasiado caro. [es dema**ßja**do **ka**ro]
Das gefällt mir (nicht).	(No) me gusta. [(no) me **gus**ta]
Gibt es das in einer anderen Farbe / Größe?	¿Tienen este modelo en otro color / otra talla? [**tje**nen **es**te mo**de**lo en **o**tro ko**lor** / **o**tra **ta**lja]
Ich nehme es.	Me lo llevo. [me lo **lje**vo]
Wo ist eine Bank?	¿Dónde hay un banco? [**don**de ai um **ban**ko]
Ich suche einen Geldautomaten.	Busco un cajero automático. [**bus**ko un ka**che**ro auto**ma**tiko]
Geben Sie mir bitte 100 g Käse / zwei Kilo Pfirsiche.	Por favor, déme cien gramos de queso / dos kilos de melocotones. [por fa**wor** **de**me θjen **gra**mos de **ke**ßo / dos **ki**los de meloko**to**nes]
Haben Sie deutsche Zeitungen?	¿Tienen periódicos alemanes? [**tje**nen pe**rjo**dikos ale**ma**nes]
Wo kann ich telefonieren?	¿Dónde puedo llamar por teléfono? [**don**de **pue**do lja**mar** por te**le**fono]
Wo kann ich eine Telefonkarte kaufen?	¿Dónde puedo comprar una tarjeta telefónica? [**don**de **pue**do kom**prar** **u**na tar**che**ta tele**fo**nika]

Notfälle

Ich brauche einen Arzt / Zahnarzt.	Necesito un médico / un dentista. [neθe**ßi**to um **me**diko / un den**ti**sta]

Rufen Sie bitte einen Krankenwagen / die Polizei.	Por favor, llame a una ambulancia / a la policía. [por fawor ljame a una ambulanθja / a la poliθia]
Wir hatten einen Unfall.	Hemos tenido un accidente. [emos tenido un agθidente]
Wo ist das nächste Polizeirevier?	¿Dónde está el puesto de policía más cercano? [donde esta el puesto de poliθia mas θerkano]
Ich bin bestohlen worden.	Me han robado. [me an robado]
Mein Auto ist aufgebrochen worden.	Me han abierto el coche. [me an abjerto el kotsche]

Essen und Trinken

Die Speisekarte, bitte.	La carta, por favor. [la karta, por fawor]
Brot	pan [pan]
Kaffee	café [kafe]
Tee	té [te]
mit Milch / Zucker	con leche / azúcar [kon letsche / aθukar]
Orangensaft	zumo de naranja [θumo de narancha]
Mehr Kaffee, bitte.	Más café, por favor. [mas kafe por fawor]
Suppe	sopa [θopa]
Fisch	pescado [peskado]
Meeresfrüchte	mariscos [mariskos]
Fleisch	carne [karne]
Geflügel	aves [awes]
Reis	arroz [arros]
Beilage	guarnición [guarniθjon]
vegetarische Gerichte	comida vegetariana [komida vechetarjana]
Eier	huevos [uewos]
Salat	ensalada [enßalada]
Dessert	postre [postre]
Obst	fruta [fruta]
Eis	helado [elado]
Wein	vino [bino]
weiß / rot / rosé	blanco / tinto / rosado [blanko / tinto / roßado]
Bier	cerveza [θerweθa]
Aperitif	aperitivo [aperitiwo]
Wasser	agua [agua]
Mineralwasser	agua mineral [agua mineral]
mit / ohne Kohlensäure	con / sin gas [kon / ßin gas]
Limonade	gaseosa [gaßeoßa]
Frühstück	desayuno [deßajuno]
Mittagessen	comida [komida]
Abendessen	cena [θena]
eine Kleinigkeit	una cosita [una koßita]

| Ich möchte zahlen. | La cuenta, por favor. [la kuenta por fawor] |
| Es war sehr gut / nicht so gut. | Estaba muy bueno / no tan bueno. [estaba mui bueno / no tan bueno] |

Im Hotel

Ich suche ein gutes / ein nicht zu teures Hotel.	Busco un buen hotel / un hotel económico. [busko um buen otel / un otel ekonomiko]
Ich habe ein Zimmer reserviert.	Tengo una habitación reservada. [tengo una abitaθjon reßerwada]
Ich suche ein Zimmer für ... Personen.	Busco una habitación para ... personas. [busko una abitaθjon para ... perßonas]
Mit Dusche und Toilette.	Con ducha y wáter. [kon dutscha i water]
Mit Balkon / Blick aufs Meer.	Con balcón / vista al mar. [kon balkon / bista al mar]
Wie viel kostet das Zimmer pro Nacht?	¿Cuánto cuesta la habitación por noche? [kuanto kuesta la abitaθjon por notsche]
Mit Frühstück?	¿Con desayuno? [kon deßajuno]
Kann ich das Zimmer sehen?	¿Puedo ver la habitación? [puedo wer la abitaθjon]
Haben Sie ein anderes Zimmer?	¿Tienen otra habitación? [tjenen otra abitaθjon]
Es gefällt mir (nicht).	(No) me gusta. [(no) me gusta]
Kann ich mit Kreditkarte zahlen?	¿Puedo pagar con tarjeta de crédito? [puedo pagar kon tarcheta de kredito]
Wo kann ich parken?	¿Dónde puedo dejar el coche? [donde puedo dechar el kotsche]
Können Sie das Gepäck in mein Zimmer bringen?	¿Puede llevarme el equipaje a la habitación? [puede ljewarme el ekipache a la abitaθjon]
Haben Sie einen Platz für ein Zelt / einen Wohnwagen / ein Wohnmobil?	¿Les queda algún sitio libre para una tienda / una caravana / una autocaravana? [les keda algun ßitjo libre para una tjenda / una karawana / una autokarawana]
Wir brauchen Strom / Wasser.	Necesitamos corriente / agua. [neθeßitamos korrjente / agua]

103

Orts- und Sachregister

Personenregister

Der kompakte Reiseführer für rund 150 Reiseziele

Downloads, Infos & mehr
www.polyglott.de

Bitte achten Sie auch auf unsere Neuerscheinungen:

Urlaubskasse

Café con leche	1,20–1,60 €
Softdrink (Cola, Mineralwasser)	ab 1,50 €
Glas Bier (vom Fass)	ab 1,50 €
Tapa	ab 1 €
Kugel Eis	ab 1 €
Taxifahrt (ca. 10 km)	etwa 15 €
Mietwagen/Tag	ab 30 €
1 l Superbenzin	1,20 €

www.polyglott.de

 travelchannel.de

**Polyglott im Internet: www.polyglott.de,
im travelchannel unter www.travelchannel.de**

Alle Informationen stammen aus zuverlässigen Quellen und wurden
sorgfältig geprüft. Für ihre Vollständigkeit und Richtigkeit können wir jedoch
keine Haftung übernehmen.
Ergänzende Anregungen bitten wir zu richten an:
Polyglott Verlag, Redaktion, Postfach 40 11 20, 80711 München.
E-Mail: redaktion@polyglott.de

Impressum

Herausgeber: Polyglott-Redaktion
Autoren: Tobias Büscher, Andreas Drouve (v. a. Tour 1, Specials Wein, Feste)
Lektorat: Karin Friedlmaier
Bearbeitung: Andreas Drouve
Layout: Ute Weber, Geretsried
Titelkonzept-Design: Studio Schübel Werbeagentur GmbH, München
Satz Special: Carmen Marchwinski, München
Karten und Pläne: Annette Buchhaupt
Satz: Schulz Bild + Text, Hamburg
Druck: Himmer AG, Augsburg

© 2008 by Polyglott Verlag GmbH, München
Printed in Germany
Dieses Buch wurde auf chlorfrei gebleichtem Papier gedruckt.
ISBN 978-3-493-56309-2

Infos zu Städten und Touren

**Donostia/San Sebastián

Dauer: 1–2 Tage
Highlights: Playa de la Zurriola, *Monte Urgull mit Spazierwegen und Festung, *Aquarium, muschelförmige Bucht **Concha mit Strandpromenade, Hausberg *Monte Igueldo.

Bilbo/Bilbao

Dauer: 1–2 Tage
Highlights: ***Guggenheim-Museum, Altstadt mit der Kathedrale und den Siete Calles, Museo Vasco, Museo Marítimo, **Puente Colgante. Ausflüge: zu den Stränden von Bermeo, in die baskische Hauptstadt Gasteiz/Vitoria, nach Gernica/Guernica, der heiligen Stadt der Basken, zum Weinbauzentrum Haro und zum *Santuario de Loyola, Geburtsort des hl. Ignatius von Loyola.

Pamplona

Dauer: 1–2 Tage
Highlights: *Plaza del Castillo mit Café Iruña, **Museo de Navarra mit archäologischen Funden und Gemäldesammlung, Kathedrale (15. Jh.), Diözesanmuseum mit alter *Klosterküche, *Taconera-Park mit Hirschgehege. Ausflug nach **Olite mit gotischer Kirche und Königsresidenz.

*Santander

Dauer: 1–2 Tage
Highlights: Altstadt mit Museo Municipal de Bellas Artes und *Kathedrale, *Palacio Real auf der Magdalenen-Halbinsel, Strand *El Sardinero. Ausflüge zum **Parque de la Naturaleza Cabárceno und **Cuevas Puente Viesgo mit Höhlenmalerei.

***Santiago de Compostela

Dauer: 2–3 Tage
Highlights: Praza do Obradoiro mit **Hostal de los Reyes Católicos und *Palacio de Rajoy, ***Kathedrale mit **Pórtico de la Gloria und *Puerta de las Platerías, Altstadtgassen und kleine Plätze, *Museo do Pobo Galego im Dominikanerkloster, Pfarrkirche *Santa Maria la Real de Sar (12. Jh.).

Tour 1

**Donostia/San Sebastián ➔ *Pamplona ➔ *Logroño ➔ *Gasteiz/Vitoria ➔ Bilbo/Bilbao
Dauer: mindestens 1 Woche
Länge: 800 bzw. 826 km
Highlights: Pyrenäenpässe von *Somport oder *Ibañeta, Benediktinerkloster **Monasterio de Leyre, **Portal der Marienkirche von Sangüesa, *Ermita de Eunate, *romanische Brücke von Puente la Reina,